...când eran

Când eram copil, dacă mă înt   vuiii , aș fi răspuns: "sunt salariile părinților care se duc mai repede decât vin". După mulți ani, am înțeles ce sunt banii de fapt.
Despre asta vreau să vă povestesc, în limbaj "de lemn".

Mind (r)evolution-ul meu a început când am plecat de acasă, la Facultate. Au trecut de atunci 13 ani și am strâns ceva întâmplări, numai bune de citit la gura sobei.

Urmează începutul...

Începutul

Se făcea că era Octombrie 2000, venisem în București ca orice copil din provincie, plin de vise și motivat să "reușească" în viață.

Până la data aia, locuisem cu părinții și o soră mai mare cu 5 ani decât mine care plecase la rândul ei la București la Facultate. Era foarte clar în mintea mea ce aveam de făcut: luat admitere facultate, terminat facultate, devenit medic pasionat (neurochirurg mă visam) și profesat cu patos până la adânci bătrâneți...aaa...și scopul suprem: salvatul oamenilor de boli. Cam atât aveam în cap pe atunci.

Ai mei erau bugetari cinstiți, cuplu clasic pentru anii 70' de educatoare și cadru militar, strămutați în Brăila, că așa primise tata repartiție. Subiectul bani era un subiect deschis, întotdeauna avea o conotație îngrijorătoare, chiar dacă salariile lor nu erau chiar mici. Când venea ziua de salariu, tata începea și punea sus, pe servantă, câte o grămăjoară de bancnote pentru fiecare lucru care trebuia achitat lunar, gen: întreținere = 200 de lei, curent = 50 de lei...șamd. Îmi aduc aminte și acum cum făceam fâșioare de hârtie pe care scriam, eu sau sora mea, ce reprezintă fiecare grămăjoară. La final, rămâneau x lei și tata spunea: "Ne-au mai rămas 400 lei de cheltuială până luna viitoare". Era totul foarte clar. Nu întâmplător am intrat în detalii atât de amănunțite, revin asupra ideii puțin mai târziu. Am o bănuială că așa se întâmpla cam în toate familiile ca ale noastre.

Deși știam întotdeauna câți bani avem, unde sunt, nu avusesem niciodată o sumă mai mare decât câțiva bani de buzunar de gestionat. Asta era treaba mamei, de obicei ea "împărțea" banii rămași în așa fel încât să ne ajungă până la salariul următor.

În 2000 eram vegetariană, nu îmi plăcuse să mănânc carne prea mult niciodata și ca orice adolescent care se vrea "cool" am încercat să fac ceva diferit. Era bine că acasă îmi gătea mama tot felul de bunătăți care nu conțineau carne și nici nu mă prea lăsa să spăl vasele pentru că "eu aveam de învățat" ...trai pe plai, vorba aia.

Şi a venit şi momentul gloriei mele, intrasem la Medicină în Bucureşti, soră-mea îmi găsise loc în cămin în Grozăveşti (era un mare succes) şi din Septembrie, de la admitere până în Octombrie când a început şcoala, am plutit. O lună de zile din viaţa mea am trăit de parcă nu mai exista nicio problemă în viaţa mea.

Mama făcuse legământ că îmi trimite săptămânal mâncare "la tren", de obicei vinerea şi bani de cheltuială cât avea şi ea. Suna foarte bine, nici nu îmi puteam dori mai mult. Auzisem că sunt foarte scumpe cărţile de Medicină, dar mai auzisem şi de xerox în campus şi mă mai liniştisem.

Prima săptămână a trecut ca o boare...mâncare aveam (vegetariană, făcută de mama), bani aveam, Facultatea era mai mult decât visasem, camera era mobilată de soră-mea....ce să vă mai explic? înţelegeţi voi, vis împlinit!

Pe la începutul celei de-a doua săptămâni s-au terminat toate proviziile. Hai la chioşc, la Splai, găsesc eu ceva de mâncare şi fără carne...eh, de găsit găseai: pateu de ficaţi de toate neamurile, sălămeturi, şunculiţe, parizer....de vegetarieni nu se prea auzise în Grozăveşti. Hîc! Strike 1! FOAMEA. Foamea motivează oamenii să ia decizii foarte impulsive şi ca să o scurtez, în 15 minute eram în camera de camin înfulecând pateu cu pâine...tocmai renunţasem la vegetarianism!

Vă întrebaţi ce legătură are toată povestea asta cu banii?...păi cam are, pateul costa 2 lei şi pâinea vreo 50 de bani (în banii de acum), deci îţi permiteai pateu. Mâncarea de vegetarian trebuia elaborată (am uitat să precizez că ştiam la vremea aia să fac cartofi prăjiţi cu sare), trebuia să ai bani de legume proaspete, de fiţe. Deci nu mă mai incadram în profil cu banii din buzunar.

Începuse să încolţească în mintea mea un gând: să îmi iau un job! cât poate fi de complicat? Anunţuri erau pe toate gardurile, dornică de muncă eram...ce îmi lipsea? TIMP! Aveam un program la Facultate care nu îmi permitea să îmi iau decât joburi de seară/noapte (video-chat-ul era tăiat de pe listă). Abia în anul II am avut primul job despre care vă spun în episodul următor.

Concluzia mea asupra întâmplării a fost: îmi trebuiesc bani! Dintr-o dată pasiunea mea pentru Medicină nu mai ținea de foame!

A fost prima dată când am realizat că îți trebuie timp ca să faci bani și bani ca să ai timp...

Cât şi ce am câştigat din primul meu job

A trecut vara din 2001, se făcuse iar de venit la Facultate. Începusem să caut activ de lucru. Era greu, greu de tot. Vă imaginaţi că skill-uri prea multe nu aveam în CV. Tot scriam şi eu că sunt "muncitoare, dispusă să învăţ, punctuală", nu mă vroia nimeni pentru că ştiam chimie organică şi anorganică, fizică, anatomie.

Prin Ianuarie 2002 îl prinsesem pe Dumnezeu de un picior: găsisem! Era un job de "teren", adică de mocofan de student dispus să bată toate coclaurile şi spitalele (uneori erau unul şi acelaşi lucru). Ce trebuia să fac, concret: trebuia să conving diverşi medici specialişti să stea de vorbă cu mine şi să completăm împreună un formular despre dotările din secţiile în care lucrau. Lista era cu bife, foarte extensivă, ca să acopere tot şi colac peste pupăză, eram în 2002 când rămâneau cam multe căsuţe goale, adică nu aveau oamenii de niciunele, ba îi mai şi enervam făcându-le "poftă" cu câte o întrebare gen: "Aveţi PET-CT?"...mai că nu ziceau: "avem pe dracu ghem". Deci foarte primitori oamenii şi rata de succes să fac un formular complet tindea la zero. Toate astea le-am aflat după ce am semnat contractul de colaborare cu Editura Medicală cu sediul într-un apartament din Crângaşi.

Am hămălit din Ianuarie până în Martie la final şi am încheiat colaborarea grandios cu o participare la stand la Romexpo. Trebuia să promovez acolo numărul precedent de Viaţa Medicală. Eram foarte mândră. Mă îmbrăcasem cu fusta mea (da, aveam doar una), cu cizme bej, cu paltonaş bej...eram importantă. Başca eram şi proaspăt îndrăgostită de Cipri.

Toată munca primului job a valorat fabuloasa sumă de 800.000 lei! Primeam de acasă pe lună cam 1 milion şi un pic...a fost mind-blowing! Când s-a terminat expoziţia, m-am dus cu Cipri în Herăstrău şi i-am făcut eu cinste cu ceva patiserie şi un suc! Abia îmi încăpeam în piele de mândrie.

Primul gând când m-am văzut cu banii în mână (atunci nu era plată pe card, sau nu ştiam eu de aşa ceva mai bine spus) a fost: pe ce îi cheltuiesc? Vedeţi voi, vorbele tatălui meu de mai devreme, avem x lei de cheltuială, săpaseră atât de adânc în creierul meu că nici nu ştiam că poţi să faci altceva cu banii decât să îi cheltuieşti!

Aici cred ca v-am dat STOP. Da, cu banii se pot face şi alte lucruri decât doar să îi cheltuieşti. Mai târziu am aflat şi eu ce anume. Vă zic şi vouă, staţi liniştiţi!

Ca să vă satisfac curiozitatea: mi-am cumpărat un epilator care a costat fix 800.000 de lei. Îmi aduc aminte perfect şi magazinul din care l-am cumpărat, unul de pe Bulevardul Regina Elisabeta, lângă un cinema vechi.

Şi uite aşa a început pentru mine o perioadă în care eram epilată, dar tot săracă.

Urmează experienţa schimbătoare de viaţă: SUA.

Urmează partea cu "America" ....aici începe transformarea

Păi v-am zis că eram îndrăgostită de Cipri. Îl cunoscusem în 2001, toamna târziu, în Piranha, celebrul club studențesc de atunci, actualmente fițe la kilogram. Am făcut cunoștință atunci dar abia de la 1 Martie 2002 putem vorbi de începutul relației vieții mele (și a lui), începutul a tot ce am devenit și eu și el și acum și Ingrid.

Îl admiram enorm, nu numai pentru că eram îndrăgostită, dar îmi plăcea de el ca om, era liber, făcea banii lui, nu-și cheltuia toți banii primiți de acasă, era deștept și inteligent (două lucruri separate) și mai avea ceva...îi plăceau motocicletele.

Aveam o "boală", cum îi spuneam eu, cu motocicletele. Nu cu toate, visam un Kawasaki Ninja, verde (foarte kitch). Mă visam rebelă prin Arizona, călare pe "glonț" și medic de succes. Cipri visa la ceva clasic, liniștit, de admirat peisajul (ceea ce și are acum).

De când l-am cunoscut, nimic nu avea să mai fie la fel. Ne-am crescut orizonturile și gândirea în paralel, unul de mână cu altul și totuși fiecare pe calea lui spirituală.

În toamna lui 2002, la câteva luni după ce îmi ceruse prietenie, am văzut un anunț pe gard despre "Work and Travel in USA". Mă simțeam urmărită...de unde știu aștia că eu vreau să muncesc, să călătoresc și să ajung în SUA? Am luat anunțul, am zburat cu el la Cip și i-am zis: "Mergem în America!". Cine îl cunoaște pe el (calm, se gândește de 1000 de ori înainte de a da un răspuns) și pe mine (impulsivă ca praful de pușcă) nu își imaginează ce discuție a urmat. Eram tot în Piranha. S-a înflăcărat tot și a zis: "Gata, mergem!". Pluteam din nou, ca în luna aia de Septembrie 2000.

Acum mai era de gândit un singur detaliu...din nou, BANII. Costa programul în sine cam 1300 de dolari de persoană, cu totul inclus, mai puțin loc de muncă. E clar ca bună-ziua că banii ăștia nu îi aveam nici unul dintre noi. Am început să întrebăm și să cerem împrumuturi pe la familiile noastre. O

7

familie a fost de acord (a mea, mai exact soră-mea s-a împrumutat din vreo 3 surse ca să se facă suma - din nou, soră-mea) şi una s-a opus vehement. Eram ca în Titanic. Cum să plecăm unul fără altul? Până la urmă, mintea clară a lui Cip a decis: "Pleci numai tu (adica eu) anul ăsta şi la anul mergem amândoi!" ZIS ŞI FĂCUT!

Eh, şi acum începe Lambada. Aveam programul plătit, biletul de avion, taxa de viză, dar nu aveam ceva esenţial...contract de muncă în SUA. Bine, mai exista varianta în care Firma îţi găsea de lucru în numele tău dar te mai costa cam înca câteva sute de dolari, bani pe care numai din donare de organe îi mai puteam face.

În Grozăveşti era o fată, inteligentă, care vindea contracte"în alb", adică treceai tu datele tale la angajat, că angajatorul din SUA deja semnase cu câteva luni în urmă....nu am aflat nici până în ziua de azi dacă el a ştiut câte astfel de contracte a semnat şi mai ales unde au ajuns ele. Contractul costa 100 de dolari bucata...o foaie A4 scrisă doar pe faţă, scanată şi scoasă la imprimantă. Era cam strâmb şi scrisul, în fine, era un job...sau aşa zicea ea, trebuia să o cred. Jobul era de Housekeeper la Hotelul Howard Johnson din Vermont. Ce job urma să fac, nu prea îmi păsa, hotelul nu-mi spunea nimic, Vermontul suna că e din SUA, deci era de bine, am acceptat.

Când am plecat din cămin, cu foaia aia albă în mână, m-a cam luat spaima. Dădusem 100 de dolari pe o speranţă că va fi bine. Dar din nou, motivaţia era mare. Motivată am fost tot timpul, de cele mai multe ori m-a ajutat.

Era deci sfârşitul anului 2002, eu eram împrumutată cam 1400 de dolari (încă nu aveam banii de buzunar gândiţi) şi aveam un rucsac de speranţe la care acum mai adăugam şi speranţa că va fi bine. Plecarea urma să aiba loc în iulie 2003, că na! eram medicinistă şi nu puteam pleca ca tot omul de la ASE în iunie, eu aveam sesiune prelungită.

Ce a urmat în SUA o să descriu în detalii mai multe pentru ca e începutul devenirii şi nu vreau să rataţi vreun amănunt.

Concluzia articolului ăsta este că din nou, banii (sau dorinţa de a face bani) îmi controlau viaţa, başca acum era şi viaţa lui Ciprian controlată în tandem.

Primul zbor spre fericire, destinația: VERMONT, SUA

Și a venit și momentul plecării.

Făcusem rost de bani de buzunar, stați linistiți, cam 150 de dolari. O glumă de sumă, știu, dar atât aveam. Nu aveam habar cât costă o gumă de mestecat în SUA, dar îmi tot spuneam că va fi bine, ca o bandă stricată. Îi schimbasem în dolari mai mici, gen bancnote de 20 de dolari, mă gândeam că ăia acolo nu au să îmi dea rest la sută, ca la noi, la colțul blocului. De zburat, nu mai zburasem în viața mea, ba îmi mai era și rău de mișcare așa, din oficiu și mai sunt și un fel de control-freak, îmi plac situațiile în care știu eu exact ce se petrece, nu prea sunt fan surprize din astea șocante.

Aveam zbor din două bucăți, cu escală la Londra, deci 2 decolări, 2 aterizări (speram cu toată inima la două aterizări). Cip m-a ajutat cu rucsacul meu plin de câteva haine și câțiva pantofi să ajung la aeroport (am luat 783 din Romană). Era jale pe noi doi, mare despărțire, un necunoscut imens despre toată plecarea și mai ales un abis despre întoarcerea acasă.

Ne desprindem unul de altul, îi fac pa cu lacrimi în ochi și cu inima cât un purice, mă avânt în aeroport, sunt cu ochii pe sus după indicatoare, ba cred că aveam și gura căscată. Ajung la poartă și aștept marea decolare. Mă gândesc dacă e bine oare ce fac, dar e cam târziu! Telefoane mobile nu erau ca acum, să suni una-două să te smiorcăi că te-ai plictisit, că ți-e frică de avion și altele. Așa că m-am îmbărbătat, am tras aer în piept și mi-am pus centura, cică "de siguranță". Zgomot infernal de motoare, un gol imens în stomac. Închid ochii și spun șoptit un Doamne-ajută! Când deschid ochii, văd căsuțe din ce în ce mai mici, străzi din ce în ce mai înguste și încerc să îmi dau seama cam pe unde ar fi Cip. În prostia mea, aș fi vrut să îl mai văd o dată...copil naiv!

Cu nod în gât mă uit pe geam (cerusem loc la geam), sunt uimită, mi-e rușine de omul din stânga mea de teamă să nu se prindă că zbor prima dată. Lui nu îi păsa deloc, citea ceva. şi atunci m-a izbit! SUNT SINGURĂ, nu dă nimeni doi bani pe ce cred eu, pe unde mă duc eu şi de ce, câţi ani am şi cât de deşteaptă mă cred eu. Cipri era undeva în spate (pe dreapta sau stânga, nu pot să îmi dau seama), mama şi tata la Brăila, lângă Dunăre şi soră-mea prin Bulevardul Magheru în Bucureşti. Şi ăştia erau toţi ai mei, departe toţi, cu gândul la mine probabil, dar ce mai conta? Expresia asta: "mă gândesc la tine" nu are nicio noimă când eşti singur, nu vezi gândul ăla cum stă şi te ţine de mână când ţi-e frică.

Ajung la Londra, mă grăbesc la alt terminal, altă poart?, casc gura şi pe acolo. Mă plictisesc mergând prin aeroport, ba iau şi un autobuz şi tot mai merg o bucată de drum şi apoi ajung la poartă...văd pe geam cum tocmai "parca" avionul cu care urma să traversez Atlanticul. Era imens, double-decker, alb, curat, leneş.

Am încercat să închid ochii, să dorm, eram deja pe jet-leg, pe naiba...adrenalina işi făcea numărul. Am o imagine anume pe care cred că o să o revăd atunci când mor şi se spune că vezi fragmente din viaţa ta. Sunt în avion (din nou la geam), e noapte, văd luna pe cer, cam în dreptul avionului (aşa mi se părea mie) şi jos văd Oceanul. Stau între cer şi apă, mă ţine Dumnezeu în palme şi tac. Mă cuprinde spaima, îmi dau seama cât de departe merg dar îmi zic din nou: " o să fie bine".

Mă "trezeşte" stewardesa să mă întrebe dacă vreau să cumpăr ceva din duty-free. Glumeşte, îmi zic...păi eu am BANI de cumpărat prostii din avion? Sper să îmi ajungă de sandviş banii până la salariu. Aoleu, dacă nu iau salariu? Dacă jobul ăsta nu există?

Prea târziu...trebuie să completez formularul de vamă, ne pregătim să aterizăm la New York!

În New York miroase a varză murată stricată şi e cald!

Ofiţerul de vamă, un negru mare, nămilos, îmi pune ştampila de viză de şedere pe 6 luni...răsuflu uşurată, umblau mituri că te poate întoarce chiar în România, chiar dacă ai viză validă de la Ambasadă. Mă întreabă unde stau la noapte? (aterizasem cam pe la ora 11 noaptea ora NY). Eu zic candidă că mă duc să iau autobuzul Greyhound către Vermont şi merg toată noaptea, nu dorm. O fi râs bietul om de mine.

În avion descopăr alţi vorbitori de limbă Română, adică alţi "sinucigaşi " ca şi mine, cu contracte în alb şi surpriză!...la acelaşi angajator! Ei erau relaxaţi, călătoreau în gaşcă, erau vreo 5 oameni, 3 băieţi şi două fete. Râd ca proştii (că altfel nu pot să spun) îi distrează situaţia, zic că poate aflăm că toţi oamenii din avion merg la housekeeping în Vermont. Pe mine mă trec fiori...
Vreau să mă duc la baie, dar nu vreau să îmi las rucsacul cu ăştia, să nu mi-l fure.

Mă învârt prin gara de autobuz şi ochesc un chioşc cu sandviş şi suc. Foame îmi era, în avion mâncasem ceva, dar eram plecată de acasă cam de 16 ore şi mai urmau încă 7 ore cu autocarul. Cer un sandviş nevegetarian şi "a soda" de care o fi (mai ieftină zic în gândul meu).
7.50 bucks, please! Poftim??? 7 dolari jumate din ăia 150 ai mei? nasol...e târziu acum! Încep şi înjur banii în gând, că doar ei sunt vinovaţi că eu am numai 150 de dolari!

Mănânc cu ghionturi, beau sucul şi pornesc la drum cu autocarul, noi, românii şi toţi navetiştii/nespălaţii Americii în el. Bine, nespălată eram şi eu, navetistă speram să fiu.

"Salut Cip, totul e ok! Te pup!"

În stația de autobuz găsisem ceva fascinant și nou pentru mine: un calculator făcut țeapăn, din metal, conectat gratis la Internet și putea fi accesat de oricine din stație. Am intrat și eu repede pe contul meu de Yahoo cel tânăr la acea vreme, și îi scriu fuguța lui Cip un mesaj de încurajare : "Salut Cip, totul e ok! Te pup!" Încurajarea lui, că eu eram ca găina la tăiere.

Pe drum nu pot să dorm, din nou, deja nu mă mai coordonez bine din cauza lipsei de somn.
Cum naiba să dorm liniștită cu 150 minus 7.5 dolari în buzunar și o foaie alba A4, ștampilată acum de Ambasadă ce e drept, dar tot o foaie A4 era.

Se face ziuă încet, ora 7 dimineața, se aude în difuzor: VERMONT!

Caut disperată cu privirea pe geam un shuttle ceva cu numele hotelului pe el, un nene cu pancartă care să ne aștepte...NIMIC. Românii mei râdeau în continuare și se frecau la ochi, ei dormiseră.

Au fost 30 de minute tare încordate până când a apărut cineva să ne ia cu o dubiță, ca pe cartofi...că cartofi și eram (cacofonie intenționată). Se scuză că a întârziat - eu cred că nu s-a trezit omul la timp, îl înțelegeam - dar că se bucură să vadă că suntem așa de mulți, șeful se va bucura că e mult de muncă.

E mult de MUNCĂ!!!! Yupiiii, deci există muncă, nu ne duce la cerșit pe undeva!

Ajungem la hotel, fără să ne cunoaștem șeful suntem cazați într-o cameră la parter, de fapt două și pic în cel mai profund și mai lung somn din viața mea....era muncă, era bine!

Parizer de supermarket.....îmi ajung banii până la salariu

Mă trezesc buimacă, nu stiu cât e ceasul ce zi e, dacă e noapte sau lumină. Fac un duş ca să văd cum e apa la duş în America, o fi mai bună ca a noastră? E mai bună, am aflat mai târziu.

Mă duc la recepţie, aflu cât e ceasul ce zi e, unde e un supermarket în apropiere şi mai ales când îl cunosc şi eu pe şeful? Şeful ne va primi pe rând (normal, stăm la rând) începand cu ora 17. Deci îmi rămâne 1 oră de cumpărat/mâncat ceva nevegetarian.

În SUA, să nu întrebaţi niciodată dacă e aproape sau departe ceva, întrebaţi exact câţi kilometri sau mile. Ei nu bănuiesc că ai putea să nu ai maşină şi 5 minutes away e cam jumate de oră per pedes. Deci 20 minute mai târziu, pentru că mersesem repede de foame, mă văd într-un oraş, nu un supermarket. Hannaford, ţin minte şi acum...mă gândesc deja că nu am timp să mă întorc până la întâlnirea cu şeful chiar şi dacă doar mă îndrept acum să caut casele de marcat. Foamea învinge şi de data asta, rămân la cumpărături!

Şi aici să vezi tu că e adevarat ce auzisem despre America, că e Raiul pe Pământ! Caserola cu 12 copane de pui...85 de cenţi...banane...45 de cenţi kilogramul...mă luminez şi debitez: "de aia sunt ei obezi!". Cumpăr parizer, pâine, iaurt, banane, suc şi gumă de mestecat ca să aflu şi eu cât costă...ridicol de ieftin, of course! Mănânc acolo, afară, în parcare, fără să mai întind un ziar, ca un muncitor adevarat ca deh, era de MUNCĂ!

6,75 usd per hour!!!!...Am dat lovitura!

Şeful zâmbea larg, cu toţi dinţii, era prietenos şi...exista!

America nu e degeaba "dreamland", eram acolo de câteva ore şi deja aveam succes. Şeful mi-a spus clar cât voi caştiga şi faptul că salariul vine la două săptămâni. Fac repede un calcul: 40 ore per săptămână ori 6,75 ori 2 săptămâni...fix 580 dolari. În lei se traducea cam în 580 ori 30 000 lei...17 milioane!...mă dezmeticesc şi apoi aud iar vocea dulce a şefului:"aaa...ce lucrezi peste 40 de ore, se plateşte cu 50 % mai mult...say what??...păi muncesc non-stop, zic. El râde calm şi spune că încep dimineaţa. Yes, sir!!

Extaz! Plata pe oră era trecută pe foia mea A4, dar nu crezusem că hotelul există, darămite suma scrisă cu pixul de fata inteligentă din Grozăveşti.

Când eram la mama acasă făceam curat, nu mă încurcam! condiţie fizică aveam, motivaţie era cu caru', aşa că dimineaţa următoare păşesc încrezătoare la subsol să îmi iau cartul de curăţenie şi să-i dau bice cu munca. Primesc un tabel cu cele 15 camere de curăţat, îmi face şefa housekeeping-ului o cameră demo şi încep.

După a treia cameră eram udă leoarcă, ruptă de o durere de spate şi cu un cart plin de aşternuturi şi prosoape folosite fix în nasul meu. Mă uit la ceas....panică! mă mişcasem muuult prea încet ca să pot termina la timp. Ghinion! Mă ajută cu ultimele camere şefa care ţinea buzele ţuguiate nervos că nu pleaca acasa mai devreme din cauza mea.

Munca asta de cameristă era mai grea decât mă aşteptam. Nu puteai să dai "buleală" că venea CTC-ul după ce terminai şi verifica. Munceam zilnic de la 8 la 3-4 după-amiaza. Puteam să mâncăm micul dejun la hotel şi mai economiseam un ban. Cazare ne-a gasit tot şeful, destul de aproape de hotel şi ieşeam şi foarte ieftin. Ne îmbulzisem 7 români în apartamentul cu 3 dormitoare şi plăteam 170 de dolari de căciulă pe lună...rezonabil. Paturi erau nişte saltele king-size, urcate una peste alta, donate de şeful. Puteam să dorm şi pe urzici pentru cât eram de obosită.

După 2 săptămâni avea să se mai schimbe ceva....în bine, desigur, că doar eram în America.

Tura de noapte

După 2 săptămâni eram OM. Aveam cazare, un cec în buzunar pe care îmi venea să îl pup, dobândisem viteză la muncă și îmi deschisesem cont la Bank of America. Găsisem cartele de telefon cu care îl sunam pe Cip cât de des puteam.

Într-o dimineață mă întreaba managera hotelului dacă aș fi dispusă să muncesc la recepție în tura de noapte (de la 11 noaptea până la 7 dimineața). Îmi oferea 7 dolari pe oră. Cred că am zis:"yes" de vreo 5 ori în salvă. Începeam a doua zi.

Ajungeam la hotel cu ultimul autobuz. Munca era plăcută, calificată. Cu nesomnul mă învățasem repede că aveam 22 de ani. Nasol era că dimineața intram fresh la curățat camere...da, dar cine prospera și băga bani la teșcherea?

Training-ul mi l-a făcut un homosexual gras. Eram în America, trebuia să îmi stăpânesc repulsia când întrevedeam niște chiloți negri, din satin, ieșiți puțin doar pe la betelia pantalonilor. Traia alături de mine romantismul clipelor când vorbeam cu Cip la telefon.

Colegul omolog de la hotelul vecin era băiatul directoarei și îmi făcea câte o vizită. Nici acum nu știu cum lăsa el recepția goală. De venit, nu venea cu mâna goală, aducea pipa păcii în speranța că fumăm împreună. Nu știam cum să îi zic mai politicos că e deranjat rău la tichie.

După încă câteva săptămâni mă mai aștepta o surpriză.

Al treilea job era cu crabi

Știți vorba aia, dacă e bâlci, bâlci să fie?

Mi se părea că pot mai mult, că am cam mult timp liber și că am venit în America să fac o treabă, nu să dorm. Și încep să dau o raită în jurul casei să mai caut un job.

Norocoasă sunt de când mă știu, deși când eram copil am mâncat melci vii (la propriu, vă povestesc altă dată) și nu știu să mai fi mâncat și altele interzise. GĂSESC job, la 2 minute de mers de casă la un restaurant care se numea Perry's și vindea crabi vii pe care îi fierbea și și-i servea. În general nu fac ifose la mâncare, dar m-a împins păcatu' și m-am uitat într-o oală în bucătăria restaurantului. Acolo i-am văzut pe ei la fiert și nu mi-a mai trebuit crab.

Dar să revin. Jobul era de hostess, gazdă pe românește: zâmbeam la oamenii care veneau să mănânce crab, luam meniuri cu mine ori câte persoane erau și îi conduceam la masă. Uram "enjoy your dinner!"și reveneam la start. Simplu. Banii erau fabuloși și nu salariul (doar 5,75 de dolari pe oră) dar pliculețul cu partea mea din bacșișuri era grosuț și surprinzător în fiecare seară. Și mai ales era cash, bancnote mici. Maxim am primit 90 de dolari, minim am primit 16 dolari pe o seară de muncă de la 6 la 10 seara.

Desigur, răsare întrebarea când dormeam? Justă intrebare. răspuns: de luni până vineri de la 3.30 la 5.30 pm și duminica lucram doar la restaurant, deci lucram doar 4 ore.

Îmi plătisem de mult datoria acasă, banii ăia împrumutați de soră-mea, eram pe acumulare.
Ultimele 3 săptămâni în America îmi rezervau ce era mai bun...al patrulea job și ULTIMUL.

Pizza cu de toate

La Pizza Hut plăteau bine pentru un spălător de vase și apoi un făcător de pizza..8.15 dolari pe oră. Program scurt, bun, 7 pm - 9.30 pm plus pizza la discreție.

Acolo am cunoscut și lucrat cu alți 2 exponenți ai societății: un condamnat eliberat condiționat, chip-at, negru, cu blugi din ăia care nu stau pe fund. Mai era acolo unul cu handicap intelectual și buză-de-iepure, a.k.a. trainerul meu la spălat vasele.

La Pizza Hut am pierdut dragostea pentru scorțișoară....stătusem cu nasul într-o galeată cu praf de scorțișoară prea multe zile....enough is enough!

Mă pregătesc de venit acasă, fac bilanțul.

Mă întorceam victorioasă acasă şi la pungă groasă

Se făcuse şi Septembrie 2003, către finalul lunii aveam dată de întoarcere, trebuia să mă întorc la Facultate. Aş mai fi stat, că îmi plăcea, dar sincer, mă hămălisem în aşa hal că nu mai eram în stare să o mai duc aşa prea mult timp. Vorbim de 100 ore de muncă pe săptămână.

Plecasem cu un rucsac şi acum cumpărasem tot felul de cadouri pentru cei de acasă. Îmi mai trebuia o geantă mare şi îmi mai trebuia ceva: un loc sigur de băgat banii. Da, veneam cu ei cash, bancnote de 100, noi, frumoase. Am lichidat contul de la bancă şi am cerut hârtii de 100. Ştiu, vreţi să ştiţi câte erau. Vă spun, staţi liniştiţi: 46 !!! DA, concret rămăsesem "pe profit" cu 4600 de dolari!!!! Plătisem datoria, cheltuisem pe cadouri destul de mult, plătisem chirie 3 luni, mâncare, jucasem chiar şi la Loto de vreo 2 ori.

Dragii mei, în viaţa mea nu văzusem atâţia bani, asta cred că deja vă e clar, dar şi ce simţeam era ciudat...îmi era frică! Frică că îi pierd sau că mi-i fură careva. Paranoia se instalase.
Mi-am cumpărat un funny-pocket (pe româneşte: e o borsetă din pânză, îngustă, care se pune în contact cu pielea, la brâu sau la piept şi se leagă exact ca o curea). Al meu era gri deschis, îl ştiu şi acum. M-am înhămat cu el de acasă în ziua în care am scos banii, mi-am îndesat banii în el în bancă (vă imaginaţi cum se uitau funcţionarele din bancă la mine....alesesem să îl ţin la brâu, băgat cumva în pantaloni). Din ziua aia nu l-am mai dat jos până când am ajuns acasă - la duş îl dădeam jos, dar îl ascundeam în prosop.

Mai erau cam 4 zile până la plecare şi îmi alesesem şi eu un CADOU că vorba aia, se numea programul şi Travel, nu numai Work. Am ales să travel. Şi unde puteam să merg mai bine decât la Niagara? Vis împlinit! Aveam de ales între mai multe...Marele Canion, Los Angeles (clisee de tânără înaripată, ştiu). Niagara era însă cea mai aproape de unde eram eu şi încă mă mai usturau palmele de la împăturit propsoape la Housekeeping aşa că am ales Niagara – Buffalo. Călătorie low-cost cu un moldovean, maşina lui și încă vreo 3 români. Plecasem noaptea ca să ajungem dimineața. Da, era aproape, adică 7 ore de condus.

America asta e imensă, de aia au și băgat milele, să mai taie din ele.

Să ajungi dimineața la 6, la răsărit, să vezi șuvoiul ăla imens de apă (că pe ăla îl vezi mai întâi și apoi căderea de apă) e un moment unic. Vroiam să fac și eu poze, dar nu aveam aparat. Vedeam Canada pe malul opus și nu îmi venea să cred unde sunt...simțeam că merit excursia asta cu vârf și îndesat.

Plecarea către România a venit repede, tremura sufletul în mine de mândrie. Făcusem o avere! Nu mă puteam gândi decât la cum vin și la anul cu Cip cu tot, că acum aveam bani și cum o să îl aduc la Niagara și pe el. Toate astea s-au și întâmplat un an mai târziu.

V-am tot povestit în amănunt călătoria asta a mea cu un scop: a fost prima dată când am înțeles ce putere au banii și mai ales cât de greu se fac! Așa credeam eu atunci că se fac greu, că ziua are 24 de ore și omul are 2 mâini și două picioare și din cauza limitărilor ăstora, banii pe care îi poți face sunt limitați. Mai târziu aflu că e greșit cum gândeam atunci.

Învățasem din America următoarele (și nu le voi uita până mor):

- să te încăpățânezi e bine (nu am avut niciun ban când m-am hotarat să plec în SUA);

- să ai soră care te ajută e bine;

- să muncești pe rupte e terapie curată. Unii spun că dacă nu poți să meditezi, să faci lucruri de mână și e echivalentul meditației. Ce lucruri mai de mână decât spălat WC-uri, făcut paturi, făcut pizza mai vroiam?

- să vezi altă lume decât cea cu care ești obișnuit te face umil și iți mai taie din nas;

- să muncești necalificat alături de un om cu retard iți dă putere. Orice pățești, poți să trăiești (dacă vrei, bineînțeles);

- să zâmbești face toată diferența ÎNTOTDEAUNA;

- după ce plângi pe ascuns capeți puteri supraomenești;

- să zbori cu avionul e o creație Dumnezeiască, că numai

omul nu poate face singur aşa minune;

- că poţi să mănânci zilnic McDonalds şi să slăbeşti - veneam mai slabă cu vreo 5 kg;

- că ce faci cu viaţa ta e o ALEGERE.;

- fără bani poţi sa trăieşti;

- în orice limbă ai vorbi, de gândit gândeşti numai în limba maternă.

Din 2002 şi până acum am luat la "periat" toate conceptele astea şi acum s-au rafinat frumos, operă de artă, ore de citit, învăţat...dar a ieşit ceva frumos: UN SPIRIT LIBER

Cert este că de la momentul cecului numărul 1 din America şi până în prezent nu am mai avut NICIODATĂ o zi fără bani! De aia a început totul cu America.

Back to life, back to reality

Până la momentul întoarcerii în țară eu nu făcusem cadouri consistente nimănui pentru că, logic, nu avusesem bani. Să dăruiești îți dă un sentiment de înălțare spirituală. Știu teoria cu egoismul, cum că ăla care dă se simte măgulit că e el darnic și asta nu e bine, știu și teoria cu nimeni nu iți dă nimic de pomană...NIMIC MAI FALS. Eu cred că sunt oameni care sunt născuți darnici și alții care sunt născuți nedarnici. Eu sunt din ăia, primii, dar am aflat abia când împlinisiem 22 ani și vreo 4 luni.
Ce cadouri luasem nu are nicio relevanță punctual, dar împlinisem niște vise amorțite și prăfuite ale multora dintre ai mei...exemplu banal: am adus un costum de Superman unui băiețel de 6 ani care îl văzuse pe Superman numai la televizor.

Mă simțeam vie, optimistă, vedeam o viață pe care nu o văzusem până atunci: o lume fără Medicina mea, fără mintea îngustă a românului tradițional și o lume în care eu, Maria, aveam bani munciți de mine. Banii îi pusesem la păstrare la soră-mea acasă, sub o saltea, că doar nu era să îi țin în cămin...paranoia avea să mai continue, nu mult ce e drept.

În România era o rușine să spui că tu, medicinistul lui Pește Prăjit ai fost și ai rânit după americani, că le-ai spălat prosoapele sau că ai spălat paharele din care au băut. În America nu era. În România te privea lumea urât dacă aveai părul roșu, în America puteai să ai trei creste în cap de trei culori și piercing-uri câte vrei tu.

Începea să îmi placă America rău de tot! Sâmburele fusese sădit: PLECATUL ÎN AMERICA. La vremea aia am început să visez să fac rezidențiatul acolo și să rămân medic specialist. Nimic din toate astea nu s-au întâmplat.

Am început să exercit o influență de nestăvilit asupra colegilor, prietenilor, eram alt om...eram ca profetul! Îi tot trageam cu America mea până la oboseală. În prezent există colegi și prieteni dragi mie plecați în SUA datorită în parte predicilor mele. Ei știu care sunt și eu știu care sunt ei.

America devenise scopul meu. Când ai un scop precis, nu

iți stă nimic în cale. Toată viața mea a început să meargă pe firul ăsta și trăgeam ca un vârtej ș pe ăia care îmi erau alături. Cip își dorea și el, deși nu fusese încă niciodată în America.

Să revin la averea mea: vă întrebați ce am făcut cu ea, nu? Răspuns: s-a cheltuit! Exact cum spunea tata. Bine, plătisem programele pentru amândoi pentru vara 2004, cea mai frumoasă vară din viața mea de până atunci.

Stay tuned, urmează vara 2004.

Pe 7 Decembrie 2003 zburăm la Timişoara

Pe 7 Decmbrie, de ziua lui Cip, mă gândesc eu să îi fac un cadou inedit (aveam încă bani). El nu zburase niciodată cu avionul dar îţi putea descrie câte înfiletări are şurubul de la aripa stânga a avionului ATR 512. Avea o pasiune pentru zbor. Urma să şi zboare.

Are o verişoară în Timişoara şi am zis că să mergem acolo de dimineaţă, bem o cafea şi ne întoarcem la prânz. Zis şi făcut! Cip avea un rânjet de la o ureche la alta, nu îi venea să creadă că zboară. Eu l-am lasat pe el la geam, că eu eram "cu experienţă" deja. Mă dădeam mare, îi tot ziceam la ce să se aştepte, deh, ifose, încă aveam, nu scăpasem de tot de ele la numai o călătorie în SUA.

Şi începe decolarea, era un ATR nu ştiu ce număr, din ăla mic, cu elice care fac ttrrrrrr...şi e un zgomot înăuntru de nu te înţelegi om cu om. Cu din ăsta nu mai zburasem nici eu. Aterizarea la Timişoara s-a făcut în spirală, cumva. Cert e că atunci când am ajuns la sol eu eram străvezie, Cip radia...mission accomplished, doar era ziua lui.

Eh, vă spun asta ca să vedeţi cum banii au puteri miraculoase: doi studenţi pârliţi zboară pentru o cafea la Timişoara, maxim de fiţă posibilă!

Vara 2004 = vara 2003 la dublu

Exact aşa a fost! Vara lui 2004 a însemnat victorie dublă.

Suma cu care ne întorceam nu mai era dublă că acum, fiind amândoi, ne mai permiteam un film, o mâncare chinezească, o plimbare pe Lake Champlain. A fost o vară de vis, ne întorceam cu părul vâlvoi, bronzați și cu două spirite libere.

La întoarcere mă tot uitam pe furiș la Cip să găsesc flacăra aia care mă ardea pe mine: EMIGRATUL. Nu o prea găseam. Sau mai bine spus, era altceva decât era la mine. El nu a avut niciodată o fixație cu cariera lui, ca mine. Era un tip care se orienta din mers oarecum și își lăsa deschise mai multe oportunități. Eu eram un berbec! Alb sau negru! În câțiva ani descopăr și gri-ul, dar the hard-way.

Pe culmile succesului, mă clatin

Cip își luase job serios pe la sfârșitul lui 2004, avea chiar și mașină de serviciu, o Solenza albastră. Lăsase facultatea în background și începuse full time în forță în vânzări, proiectare. În 2005, vara, el termina Politehnica, deci nu se mai încadra în programul de America (condiția era să fii student în an care să nu fie terminal).

Eu mă pregăteam de încă o rundă de America. Norocul îmi zâmbește iar! Găsesc un job extraordinar la Universitatea din Virigina, cu ajutorul unui prieten medicinist. V-aș lăsa să ghiciți în ce domeniu...cercetare în neurologie, colaborare strânsă cu un neurochirurg...repet, am mâncat doar melci!

Salariul era super ok, jobul e inutil să vă descriu ce însemna pentru mine.

Și mă afund în treabă până la gât. Îmi văd deja viitorul CV redactat în Engleză, cu experiența din University of Virginia pe prima pagină și vizualizez admirația șefului de program de rezidențiat în SUA, pentru momentul la care aplic eu.

Cunosc în vara aia alți doi oameni emblematici în viața mea: gazda mea și o nemțoaică.

Exista un anunț în revista universității că se caută tânăr dispus să locuiască cu bătrână și în schimb primește cazare gratis. Număr de contact Dorothy Bach (nu o să uit numele ăsta vreodată). Mă înființez la ea la birou, era o profesoară de Germană, evident, ajunsă în SUA. O prezență diafană, înaltă ca o trestie, slabă, doi ochi albaștri de arian și un om blând. Îmi explică că are o vecină de 90 de ani căreia i-a murit recent soțul și acum locuiește singură. E perfect lucidă, se îngrijește singură, are doar nevoie să știe că mai e cineva în casă alaturi de ea. Are două mâțe și o cheamă Emy-Lou. Aflu mai târziu de la ea că fusese agent de securitate și ea și soțul.

Bat palma! Ocazional trebuia să îi pregătesc un mic dejun frugal, pe care sincer, nu am apucat niciodată să i-l pregătesc, era trează cu mult înaintea mea.

Declinul începe cu cazarea mea. Unde credeți? În camera

răposatului (dormeau separat fără a fi certați). Disclaimer: deși am disecat cadavre la viața mea și am pus mâna pe inimi de om aflate în formol, la borcan, omul mort recent mă îngrozește. E ceva încă viu la el care îmi dă fiori, exact ca un film de Hitchcock.

Băi nene, era o camera impecabilă, așternut curat, mirosea totul a nou, baia lună. Îmi prezintă Emy-Lou dulapul unde îmi pot pune hainele și acolo...ȘOC! Hainele răposatului, inclusiv papucii de casă, cravata, batista și ce mai are un bătrân de vârsta lui, așezate tacticos pe umeraș. Îmi zice să îmi fac loc printre ele și să mă fac comodă. HÎC!

Era luna Iulie, către sfârșit. Locuisem câteva săptămâni la prietenul care îmi făcuse rost de job. Din acea noapte până când m-am întors în toamnă acasă, cred că am adormit numai de epuizare, niciodată de relaxarea somnului firesc. Stăteam intinsă pe catafalcul ăla, cu ochii în tavan, îmi băgasem caștile adânc în urechi și ascultam muzică. Ba chiar într-o noapte am avut ceva halucinații cum că zbor, ascultând melodia în top atunci "In the arms of the angels" Sarah McLean.

Și acum începe distracția. Combinația oboseală + frică + angoasa finalului de facultate + nesiguranța planului concret legat de emigratul în America + munca de om nebun de la Universitate = sindrom anxios-depresiv. Dar nu de oricare, din ăla, cu manifestări organice, încep să cred că am tumori prin cap, noduli cancer oși la tiroida...nicidecum ceva la "spirit".

Mă duc la Urgențe noaptea la unu cu frisoane și palor, îmi fac ăia teste antidrog și orice test imaginabil, îmi demonstrează că tiroida e ok, RMN de cap nu mi-au făcut că m-au văzut mai amărâtă, se gândeau ei că nu am atâția bani. Unul sugerează delicat să o iau mai ușor cu stresul...eu îi arunc o privire: "Are you saying that I am crazy?".

Plec de la spital dezamagită, nu stiu ce am. După două zile vine și factura de la spital, doar 700 de dolari!

Ca s-o scurtez: mă întorc în România înfofolită cu tot ce aveam la îndemână în condițiile în care și în Washington și la București erau cam 30 de grade Celsius.

Gata, era oficial: aveam o problemă fără diagnostic!

The point of no return

Cu chiu, cu vai, mă las convinsă să văd un psihiatru la Bagdasar, discret, că să nu mă ştie lumea (cutumă românească imbecilă). Ăla, din două priviri, înţelege că numai un anxios-depresiv începe să plângă când zice: "Bună ziua, domnule Doctor". Îmi strecoară un număr de telefon şi un nume. Numele nu îl pot face public, deşi rămân profund recunoscătoare acestei Doamne. M-a renăscut.

Încep prin Noiembrie 2005 prima şedinţă cu dumneaei. Mă ia de la strada mare, facem cunoştinţă şi ea începe să mă scaneze profesionist. Eu îi zic de la a doua frază după bună ziua: "dacă descoperiţi că eu nu voi mai face medicină în viaţa asta, să nu îmi spuneţi, ţineţi pentru dumneavoastră, nu vreau să ştiu". Ea râde înţelegător. She got me!

Urcăm într-o cămăruţă intimă, ea fumează discret şi pentru prima data nu mă deranjează fumul de ţigară. Se lasă o pâclă grea în jur, de scuipat sufletul din tine...şi încep să torn....viaţa mea mică şi zbuciumată de până atunci încăpuse în 20 de minute de monolog plângăcios.

După 8 săptămâni, respectiv 8 întâlniri cu Dumneaei, îmi spune că ea consideră că sunt gata, sunt din nou ok. Eu o privesc piezış, mi-e frică. La fel de frică cum îmi era să nu pierd banii.

De bani nu îmi mai pasase de prin Iulie 2005. Nici nu îmi aduc aminte exact câţi făcusem în vara aia.

Ies din clădire, Cip mă aşteapta, ca de obicei. Îi spun că mi-e frică, dar că ea zice că sunt ok şi mi-a dat numărul ei, să îl păstrez în portofel şi să o sun dacă am nevoie. Am şi azi numărul ei în portofel. Nu am mai sunat-o de atunci, i-am lăsat doar câte un mesaj de Sărbători sau un mulţumesc pe ici şi colo.

Banii aveau o problemă, nu puteau vindeca depresia.

2006, anul lui Cip

2006 ne gaseşte tulburaţi, dezorientaţi. Cip intrase bine în vria jobului fără noimă, rutinat. Era încercănat şi tocit. Era salariat.

Eu înca mai zburdam, eram în ultimul an de Facultate şi mă pregăteam intens pentru examenele de echivalare a studiilor. Încă mă refăceam după eşecul unui examen ratat (un examen serios, din SUA). Alesesem să schimb ordinea lor, că poate schimb şi norocul. Urma proba practică (cel mai interesant examen din viata mea, l-am susţinut în vara 2006, în Atlanta).

Prin februarie 2006 se mai face un pic de lumina pe uliţa noastră, că stradă nu o puteam numi, nu aveam asfalt. Găsim o ofertă de job în SUA de tehnician de aparate de aer condiţionat industriale în Virginia...ce coincidenţă, nu? Colac peste pupăză puteai să te înscrii şi dacă nu mai erai student, era altă viză, altă mâncare de peşte şi altă durată de contract: 6-9 luni.

Stiţi senzaţia aia când ţi se rupe sufletul în două jumătăţi perfect egale care vor lucruri complet separate: fix aşa eram şi eu! Vroiam să plece pentru binele lui, să ia o gură de aer în monotonia aia prea devreme instalată la un om de 25 de ani. Vroiam să stea pentru binele meu lângă mine. Îmi aduc aminte că în 2003 îi sticleau ochii când m-a încurajat să merg eu prima în State şi îmi dau seama că acum e rândul meu: îl încurajez! În aprilie deja îl conduceam la aeroport. Nu mă puteam gândi prea departe că mă apucau parcă iar pandaliile anxietăţii.

Începusem să citim împreună şi să ascultăm nişte audio-book-uri d-ale lui Tony Robbins, o altă persoană cheie în viaţa noastră.

Cip a plecat în Virginia la o muncă de nebun. Eu am rămas cu Tony Robbins în caşti.
A venit vara, am dat ultimele examene şi Facultatea s-a gătat. Mai era licenţa în Septembrie, dar nu mă îngrijoram deloc. Mă pregăteam intens de examenul practic. Ai mei umblau prin casă măzgăliţi cu pixul pe unde depistasem eu auscultator că ar fi splina, ficatul. Vara aia am petrecut-o la ei, la Brăila, căminul nu

mai era al nostru.

Plec în August 2006 la Atlanta, dau examenul pe care îl iau cu succes şi apoi urmează o săptămână de vacanţă cu Cip la Virginia Beach, la Ocean. Era a doua cea mai frumoasă vară din viaţa noastră din nou.

2006 devenise un pic şi anul meu. Examenul (taxa) costase 1300 de dolari, dar ce mai conta, aveam din nou bani......bani munciţi de data asta de Cip.

Bursa de Valori Bucureşti şi Cip

În Noiembrie 2006 se întoarce Cip din SUA, cu bani mulţi, vreo 6 mii de dolari. Muncise ca un catâr, se tunsese ca soldatul american şi învaţase ceva: investiţiile la bursă. Cunoscuse şi el in Virginia doi oameni cheie, un cuplu în vârstă de cam 75 de ani, el profesor, ea avocat, americani amândoi. Îl indrăgiseră tare mult şi i-au arătat portofoliile lor de investiţie la bursă, gestionate şi deţinute separat, deşi erau căsătoriţi. Era iar o chestie mind-blowing americană....cum să ai bani separaţi de soţie şi ea separat de tine? (genele româneşti, alea proaste).

În Decembrie 2006 am locuit temporar la tatăl lui acasă, până prin Ianuarie 2007 când ne-am reîntors în forţă în Bucureşti.

De data asta eram investitori la bursă! Eu nu înţelegeam mare lucru, dar mă fascina înflăcărarea lui Cip şi priceperea lui, expresiile lui ("candle-stick") şi analizele tehnice. Făcuse profit fantastic, vedeam banii cum cresc în timp real. A şi pierdut în timp real, dar convenisem să tratăm banii cu care venise el din SUA de data asta ca şi cum nu i-am avea. De aia i-am şi putut investi.

Eu dădusem în Decembrie examenul de rezidenţiat de amorul artei, ca să îmi pot spune: "uite, nu am luat rezi, încă un motiv să plec de aici". Precizez că până acum ceva ani am fost foarte pricepută la treaba asta cu medicina. Acum s-a dus, s-a şters cu buretele.

Vine Revelionul cu speranţe de nou început!

Suntem amândoi oameni, avem joburi bune în București!

În Ianuarie 2007, prin bunăvoința a doi prieteni (să le zicem Silviu și Răzvan) ne cazăm la grămadă într-un apartament din Rahova. Pe 15 Ianuarie eu îmi găsesc job de Reprezentant Medical la Berlin-Chemie, Cip începe pe 17 Ianuarie la Miele un job de tehnician (ulterior ajunge director de vânzări). Eram pe val!

Salariile erau mari, eu aveam vreo 15 milioane plus bonusuri, o să vă șochez curând cu niște sume, el vreo 21 de milioane. Aveam amândoi mașini de serviciu, eu conduceam pentru prima dată, deși aveam permis din 2005.

Începe o viață autosuficientă, clasică, cu ieșiri în oraș nu prea dese, dar bune, ieșiri pe la munte în weekend. Ne descurcam binișor.

Banii îi scoatem de la bursă. Era o instabilitate politică fantastică, aparent fără legatură cu bursa, în fapt, cauzatoare de dezastre pe piața bursieră.

În toamna lui 2007 Cip începe un MBA. E scump, ne copleșește puțin taxa de școlarizare, dar noi știm să mâncăm și cartofi prăjiți.

Vara lui 2007, Iunie cred că era, trebuie analizată separat.

De acum începe mind (r)evolutionul nostru adevărat.

Hai cu transformarea!

Citesc eu pe un stâlp un anunț cum că se organizează un curs de auto-dezvoltare numit "Landmark Forum". Ce o mai fi și asta? Dau Google search...e ceva controversat, unii spun că e o porcărie care iți ia banii, alții că e life-changing! Mă ghidez după instinct și plătim 9 milioane taxa de participare pentru amândoi.

La Romexpo ne strângem cam 200 de curioși si ne asezăm pe scaune. Stingheri toți, cu încordarea aia, specif românească, "oare ce crede ăsta despre mine, de ce am venit eu aici?" sau " ia uite-l și pe distrusul ăsta, pare necăsătorit, a venit la agățat aici".

Speaker era un francez și era însoțit de reprezentanta în România a Forumului, Connie, plecată de mulți ani în America, întoarsă să facă și ea un bine la oile ei.

Allan, așa îl chema, începe discursul, vorbea în Engleză bine, dar era tradus live de Connie, chestie care mă enerva, se pierdeau multe în traducere și nu prea mă puteam concentra pe ce zice el acolo. Într-un final m-am adaptat și l-am ascultat numai pe el.

Dintre oamenii pe care îi cunosc, doar o prietenă făcuse înainte Forumul și fusese dată pe spate. Așteptam și eu!

Începe cu generalități despre viață, despre cum sunt oamenii și despre viețile oamenilor, ne invită la microfon pe unii, pe alții (voluntar) să spunem despre viața noastră (pe om când îl întrebi despre viața lui, îți înșiră toate belelele lui, necazurile, decesele, diagnosticele). Și ies unu, doi, zece...spun care mai de care tristețea lui. Ne întrebase de fapt explicit de ce suntem acolo și ce sperăm să obținem după această întâlnire.

Mă știți că sunt vorbăreață, ies și eu, îmi tremura vocea, nu mai vorbisem în fața unei adunări de 200 de oameni. Îmi spun păsul, că sunt tânăr la început de drum și caut răspunsuri, că acasă a fost greu și am plecat în lumea largă în fundul gol și multe altele de acest gen.

A fost în top unul care a accidentat mortal pe cineva cu mașina și nu se putea ierta pentru treaba asta și începe să buhăie.

Alta, mai plinuță, plină de zel, iese la microfon și spune cu iuțeală că e o cacealma, de ce ne chinuie ăsta, de ce ne face să plângem? de aia am dat noi banii?

Deal-ul ni se explicase la început: în orice moment dorești să pleci în timpul primei zile de forum (a durat 2 zile jumate și prima zi a durat 9 ore), te ridici, pleci, și îți primești integral banii înapoi. Era pe bune, grasa și-a luat banii și a plecat furioasă.

A fost singura care a plecat!

La sfârșitul serii de văicăreală ne săturasem până și noi, ăștia care ne văicărisem și avusesem curaj să o facem publică.

Allan trage concluzia serii care ne lasă pilaf pe toți: "Toți cei care ați trecut pe la microfon, dar și cei care ați gândit la fel dar nu ați vorbit, sunteți niște NIMICURI!"

Și seara se încheie...rumor...stupoare...unii zâmbesc de parcă au prins poanta fină (știau și ei că nu e o poantă), alții se încruntau, alții pufneau de parcă ar fi zis "Nimic e mă-ta!"

Plecăm și noi doi și adormim ca două nimicuri, îmbrățisate.

Sunați-vă părinții! ACUM

A doua zi dimineață ne ducem rușinați înapoi, ne făcuse nimicuri și noi ne întorsesem.

Ce dracu o mai fi și asta?

Începe și ne explică destul de clar, simplu, că dramele astea închipuite sunt de toată cacaoa, că viața nu se rezumă la asta! NU???? mă întreb eu, uimită!

Tot ce am debitat la microfon, noi, ăia îndrăzneții, sunt niște interpretări d-ale noastre ale unei realități simple care se întâmplă zilnic, cu sau fără voia noastră.

Din păcate mie îmi e foarte bine întipărit în suflet tot Forumul, nu mai știu să vă reproduc ce am auzit, am reținut numai ceea ce am simțit la sfârșit: că omul și-o face cu mâna lui TOT TIMPUL! A fi fericit e o alegere, e atât de banal de simplu, numai că omului îi place drama și smiorcăiala, că atrage atenția ușor în felul ăsta, în loc să atragă atenția cu ceva frumos, pozitiv.

Chiar eram un NIMIC!

La sfârșitul serii suntem epuizați emotional, că fizic stătusem în fund, pe scaun și băusem cafele, sucuri. Ne dă o temă pentru seara aia, de făcut neapărat înainte să ne culcăm: să ne sunăm părinții și mamă și tată, separat, fiecare cu receptorul la ureche nu strigat în telefon, de la baie: "te pupă tata!" și să le spunem atât: TE ROG SĂ MĂ IERȚI!

Dar o spui sincer, clar, cu toți dinții. Nu te justifici de ce, pentru ce, ideea e să le spui asta. Ne explică foarte logic că ne ancorăm în trecut pentru a avea o explicație plauzibilă și universal acceptată: "părinții au fost de vină pentru tot rahatul din viața mea!"

Ne ajută să rupem frânghia asta nenorocită! La mine a rupt-o, nu pe loc, în timp și nu pentru ce am spus, ci pentru ce am gândit ulterior despre relația mea cu ai mei.

Mă LEPĂDASEM! La fel și Cip.

Am învățat să îmi fac vocea din cap să mai și tacă

Allan spunea că avem permanent o voce în cap care vorbește continuu....de cele mai multe ori prăpăstioșenii. Puteai să o faci să vorbească și lucruri bune, că doar ce naiba, era a ta!

Când vocea aia tace pentru o secundă, ești spiritual în Nirvana. E greu, al dracului de greu! La mine vorbea mai mult decât mine chiar.

Ne spune multe Allan, ne intră toate ca untul topit în suflet și acolo rămân!

Ne-a dat pe spate pe amândoi, se schimbase capul vechi cu unul nou, aveam putere asupra noastră și asupra a ceea ce gândim.

Știu că poate suna fantasmagoric dacă e prima dată când auziți așa ceva și știu că reflexul minții voastre e probabil ca al meu, să respingă înainte de a înțelege ceva.

Bulgărele o ia la vale

Gata, începuse!

Îl aveam pe factorul "wow!" în mine.

Din exterior păream "sectanți". Am început să colindăm sistematic lanțul Divertta, secțiunea autodezvoltare. Știți probabil că pe rafturile de aici găsești toate soiurile de cărți...de la "Vindecă-te cu leurdă" până la "Cum așezăm corect tacâmurile?". Scanam cu privirea rafturile și puneam mâna pe ce mă atrăgea. Se crease o "chimie" între mine și Dumnezeu...eu căutam, el îmi punea în brațe.

Interesante erau "coincidențele", cărțile se continuau una pe alta, de parcă erau volumele unui roman și nu niște titluri complet distincte. Mă supuneam orbește noii mele minți.

Am citit și cumpărat mult, nu știu să vă spun câte cărți....70-80, cam pe acolo. Interesant e că le găseam jerpelite, uitate în fundul raftului sau ultimul exemplar de cele mai multe ori. parcă mă așteptau.

Era un puzzle de idei și tot mai potriveam câte o piesă și încă una până când întregul a fost gata. Tot ce citisem lua forma unor idei centrale care erau interconectate. Nu sunt zgârcită și nici sadică, o să pun o listă cu toate titlurile citite (cât îmi aduc aminte din ele, cel puțin).

Tot ce aflasem acum era nou, trebuia digerat, fezandat. Asta făceam cu ajutorul discuțiilor dintre noi doi. Citeam împreună, eu cu vocea, Cip cu urechea. Locuri de citit găseam în parcuri, pe bancă în Poli, la crâșma "La Jeg" de la cămin Leu, seara pe acasă. Se împlineau în Decembrie 2007 șapte ani de "fără TV", pur și simplu nu aveam...și bine mai era.

O carte anume, deși pare tembelistică (titlu prost, copertă kitch-oasă) rămâne sinteza a tot ce citisem. Se numește:"De ce să fii fraier, bolnav și falit și cum să ajungi deștept, sănătos și bogat" scrisă de Randy Gage, editura Meteor.

Descriere carte: *"Stilul lui Randy Gage este îndrăzneț și tăios, dar ațintit spre obiectiv, dacă doriți să cunoașteți secretele succesului. El face afirmații controversate, încalcă corectitudinea*

*politică și nu se sfiește să atace unele dintre cele mai sacrosancte
instituții contemporane, de la religia organizată la guverne, la
cultura populară și până la alimentele cu care vă hrăniți.*

*Cartea aceasta provocatoare vă va schimba convingerile, vă va
ataca temerile și - dacă sunteți deschis - vă va arăta cum să
deveniți deștept, sănătos și bogat! ,,Principala dumneavoastră
prerogativă morală este propria fericire." -Randy Gage*

Pe calea către Lumină mergi singur și pornești când te cheamă Ea

Degeaba încercam să le explic eu alor mei ce descoperisem eu! Pe ei nu îi chemase Lumina și eu plecasem deja.

Plecasem o dată cu Cip, însă pe calea asta nu te poți ține de mână cu cineva, ești singur. Dar asta nu e ceva rău, e chiar bine. Societatea în care trăim, indiferent de țară, nu te lasă să fii ce vrei tu să fii, ești ce te face ea. Dacă rogi pe cineva să vorbească despre el, îți spune rapid: "sunt medic", sau "sunt mamă de 3 copii" sau "sunt pensionar". Asta gândesc ei despre ei, că sunt o funcție a societății. Au uitat că sunt oameni caracterizați de bune și rele, de calități și defecte, de pofte și antipatii. Oamenii se pierd pe drum, încet și sigur și se fac GRI. Când sunt copii, sunt albi.....unii devin negri, dar e rar să găsești unul negru complet, poate un gri mai închis.

Mă durea că nu puteam rezona cu ai mei. Știți cum e când ai ceva bun, să zicem o prăjitură extraordinară și vrei să le dai ăi lor să guste și ei întorc capul, se strâmbă și zic că nu vor..nu și nu! M-am încăpățânat o vreme îndelungată să le "arăt", mă credeam iar Mesia. Am renunțat într-un final dar chiar și acum mai am pusee de convingere. Am reușit un singur lucru: să o fac pe maică-mea să își facă primul cont de economii din viața ei și a lor ca și familie. Era un succes!

Drumul ăsta către Lumină era frumos. Lung, dar frumos!

Fac o precizare de pe acum: Lumina despre care vorbesc este pentru mine lumina minții dar și a spiritului (în cazul meu credința în Dumnezeu). O să aloc un articol separat credinței mele în Dumnezeu și o să vă povesesc de câte ori l-am "înșelat" și el m-a iertat de fiecare dată. Acum suntem de nedespărțit.

Cunoșteam creierul uman în cele mai mici detalii cu putință, dar doar anatomic.

Acum îl vedeam metafizic și era ca și cum vezi Aurora Boreală pentru prima dată.

Povestea merge mai departe, ca vântul din Baloteşti

Vă povesteam că Cip lucra la Miele, e o firmă nemţească, producătoare de electrocasnice super durabile şi de calitate, deţinută în Germania de familia Miele. Era o mândrie să facă parte din aşa Companie. Se înscrisese şi la MBA în Octombrie 2007. Profesional, era plin de succes!

Eu, la rândul meu, trăiam viaţa de Reprezentant Medical la cote maxime. Primisem o zonă râvnită de toţi seniorii, respectiv Sectorul 1 din Bucureşti şi primisem şi un portofoliu vandabil, de produse originale, eficiente. Zona aparţinuse anterior şefei mele, deci era o zonă "lucrată", cum se spune în limbaj de rep. Repul Medical e o specie aparte, nici medic dar nici vânzător, nici prea frumos dar nici prea urât....o să fac un post scurt cu anatomia Repului.

Mie toată combinaţia îmi adusese o stare de bine, de independenţă totală, un aspect îngrijit pe care ca studentă nu dădeam doi bani (acum devenise esenţial să ai părul pieptănat şi unghiile îngrijite - în cazul meu tăiate scurt). Zona mea înflorea, îmi făcusem deja prieteni printre medici şi într-o zi cu soare, când eram "pe teren", primesc un telefon de la şefa mea: îmi spune codificat (era cu cineva, nu putea vorbi pe şleau) că se plătesc bonusurile şi că mă felicită, am luat un bonus de 131....!? Eu, în inocenţa mea, ca să nu zic prostie, întreb: 131 de ce? Ea zice: de milioane, 131 milioane!! Ştiţi fazele alea cu negrese, când ele se bulbucă şi zic: "Say what bitch???" Aşa eram eu acum, stupefiată. Mă gândeam că se plăteşte bonusul în avans, pe doi ani de zile, nicidecum pe un "chiu"- adică un trimestru.

Seara am băut şampanie acasă şi am păstrat extrasul de cont cu suma încasată. Aveam card acum, eram OM!.......e cam bine să fii Rep, nu?

Bine, bine şi cu Baloteştiul? Ei, aici vine momentul desprinderii de cordonul ombilical dintre noi şi metropolă, că vorba aia, e bine să stai lângă gura de metro şi lângă piaţă...

Cip lucra la Otopeni, eu în Sectorul 1, cum am spus, care e în nordul Bucureştiului, deci lângă Otopeni (precizare pentru cei care nu ştiu). Locuiam în sectorul 5 şi intresecţia Răzoare ne provocase un fel de eritem nervos....nu mai suportam să aud claxoane apăsate în neştire de toţi corporatiştii grăbiţi. Se umpluse paharul!

Cip începe, ca un om gospodar, să întrebe de cazare în sectorul 1.....pfff.....bonusul mi-ar fi ajuns pentru cam 6 luni de cazare în sectorul 1....erau nişte preţuri exorbitante, nejustificate! Înnebuniseră toţi măcelarii proprietari de garsoniere, lăsate moştenire de la mamele lor babe, recent decedate.

Nu puteam să accept să muncesc jumătate de lună ca să stau câteva ore într-un apartament care miroase a naftalină şi se încălzeşte cu sobă pe gaz! Muncisem prea din greu şi aflasem cât costă 1 leu, vorba aia.

Cip propune să mergem mai la nord.....eu zic, unde, la Ploieşti? El zice: da! Căutăm de nebuni vreo 3 săptămâni prin Ploieşti, aveam maşini de firmă, eram elastici în gândire ca un caş, de ce nu? Nu găsim însă nimic potrivit şi ne săturasem de explicat proprietarilor că suntem oameni cinstiţi, că vrem doar să locuim acolo, nu e pentru video-chat.

Împins de "ceva", Cip dă o raită prin Baloteşti, satul următor către nord, după Otopeni. Întreabă la un magazin, la gura satului, dacă ştie cineva pe cineva care închiriază. Bineînţeles, gura satului ştie, ba ne dă şi un număr de telefon.

La 1 Decembrie schimbăm domiciliul revoluţionar! Nu mai locuim în Bucureşti, stăm "la ţară" şi lucrăm în Capitală.....mă simţeam ca în Monaco. Apartamentul era suspect de bun: costa 5 milioane pe lună (o garsonieră în sectorul 1 era cam 20 de milioane), avea 2 camere, complet utilat, mobilat, renovat, curat, garaj.....ba avea şi boxa! Zic GATA, m-am prins, în boxă sunt foştii chiriaşi, proprietarii ăştia trebuie să aibă pe necuratul în ei şi au fetişuri cu chiriaşi.....altă explicaţie nu aveam pentru o astfel de ofertă!

Merg pe mâna lui Cip şi batem palma. Bine am făcut, acolo aveam să locuim până în 2011 martie când ne mutam mai către Ploieşti, dar LA CASA NOASTRĂ.

Şi da, la Baloteşti a căzut avionul. Nouă ne-a adus numai

noroc și cât am stat acolo nu a căzut niciun avion!

Anatomia Repului

Cu siguranță am în lista de prieteni mulți mediciniști, colegi de serie, de an, de an mai mare sau mai mic.

Medicinistul are 2 variante după ce dă Licența: se face doctor și o ia pe calea întortocheată a rezidențiatului, specializării, primariatului, doctoratului...bla, bla bla....SAU se face Rep, chiar și temporar.

Aicea se spintecă treaba, are loc Marea Schismă: păi primul își pregătește mentalul să stea la birou, în cabinet, și să poarte stetoscop după gît. Al doilea își face un "transplant" fictiv de creier că să intre în pielea personajului, Repul.

Ca Rep trebuie să știi să râzi ca prostul, chiar și atunci când în gând îți vine să îi dai interlocutorului cu ceva în cap, trebuie să știi să vorbești, trebuie să știi în amănunt detaliile unui studiu despre care oricum vorbești singur, că nu te ascultă niciun medic.

Viața de Rep e grea, dar și frumoasă.

Ești șef pe zona ta, tu centrezi, tu dai cu capul timp de 3 luni. După 3 luni îți vine raportul de vânzări și vezi ce rahat pestriț ai făcut în ultimele 3 luni......și faci calculul bonusului (care are de obicei o formulă super complicată) în 10 secunde. Apoi respiri ușurat sau înjuri printre dinți pe doctorița aia, parșivă, care a promis că scrie 10 de medicamentul x și nu a scris! Îți promiți că nu mai pupă ea niciun Congres!

Salariul unui Rep, cel de bază, nu e mare, mai ales dacă ești pufan (cum eram eu). Ai în schimb "beneficii", cum le zic ei, adică mașina (de obicei o folosești și pentru tine, fără costuri), laptop să îți faci raportul dar și ca să intri pe Google, telefon de serviciu pe care te caută șeful și îi spui exact unde ești și de câte ori respiri, dar și de pe care îți suni nelimitat toți prietenii.

Bottom line e că e un job bun. Bun pentru cine îi trebuie.

Mie îmi trebuia! Aveam un PLAN mirific, fără scăpări la proiectare, dar care a eșuat lamentabil. PLANUL era să muncesc ca Rep şi să învăţ pentru Step-uri (examenele de echivalare pentru SUA) în timpul liber, adică seara şi în weekend-uri. Nu, nu uitasem de America nicio secundă.

Mda...planul nu mergea. Când eşti corportist şi mai ales Rep, te ia un val de căldurică dulce, o briză de relaxare după ce vii de la muncă, că doar ai umblat ca tâmpitu' prin toată zona şi ţi-ai mai luat şi două-trei înjurături de la pacienţii cărora le-ai intrat în faţă şi vrei şi tu să stai ca omul...başca, meriţi şi tu puţină relaxare, uite ce bonus ai luat!

Nu învăţasem nimic până prin August 2007. Intru un pic în panică şi îmi pregătesc planul B: nu merge cu job full time şi învăţat: trebuie să aleg una sau alta.

DA, am ales alta, adică să stau acasă şi să învăţ. În Aprilie 2008 mi-am dat demisia în plină glorie, fără ca măcar să îmi fi încasat bonusul pe chiu 1...nu am o explicaţie logică pentru mutarea asta!

America învinsese din nou!

Anxietatea loveşte din nou

În Aprilie 2008 devenisem casnică. Bine, casnică studioasă, dar casnică. În prima parte a zilei îmi vedeam de ale casei şi după ora 12 începeam înfulecatul de cărţi pe pâine. Mergea bine, nu zic nu.

Îmi stabilisem şi o dată de examen ca să mă biciuiesc singură şi ca să mă motivez!

Din când în când îmi mai fâlfâia inima în gât, mă mai luau transpiraţiile ca pe vremea lui 2005, anul Anxiosului. Dar acum ştiam ce am, aveam tehnici de contracarare, v-am spus că citisem multe cărţi.

De ziua mea, în Mai 2008, primesc INELUL! Timp de o lună nu mai învăţ nimic, mă uit ca proasta la sclipirea lui, la formă, la cum îmi stă cu el. Aveam din nou noroc, alesesem un OM BUN.
Se apropia ziua examenului şi eu nu eram gata. Îl amân cu maximul de zile posibile, şi trec şi de data examinării...asta însemna că pierdeam taxa (865 de dolari americani!). Mda...ceva nu mergea! Încep şi oscilez în încredere, ba am, ba mai mult nu am.

Prietena mea, Brifa, trage alături de mine dar mă depăşeşte, îşi ia examenele. Încearcă să mă încurajeze, să mă ia de mână şi să mă treacă şi pe mine linia de sosire...dar nu merge nici aşa! Ceva se întâmplă, dar nu ştiu înca ce!

Se face luna MARTIE 2009.

MARTIE 2009

Era în viața mea un fel de amorțeală și mă simțeam de parcă vâsleam cu o singură vâslă, mă învârteam în cerc.

Ceva trebuia făcut!

Cineva trebuia să facă ceva! Ok, dar cine? Se oferă Dumnezeu să facă CEVA!

Eram la Târgu-Jiu, era 10 Martie, o dusesem acasă pe bunica lui Cip după ce o adusesm în București să o vadă un oftalmolog pentru o cataractă. Știți voi, dacă ai terminat Medicina, îți ajuți automat toate rudele cu probleme medicale. Eram victorioși, stabilisem un plan să o operăm, ne era drag de ea, îl crescuse pe Cip, deci o iubeam.

Venisem cu mașina de serviciu a lui Cip, un Golf roșu, frumos, cu destui cai. E important câți cai pentru că în curând îi folosim pe toți.

Mâncam o șaormă delicioasă, cu de toate și tocmai îmi picurase sos pe blugi. Dau să înjur, îmi dau seama că sunt ridicolă, nu e chiar așa o nenorocire de mare! Asta nu era o nenorocire, dar ce urmează este: mă sună tata.

Plânge, este disperat, repetă "a călcat-o o mașină pe mama!" Chiar și acum, când scriu, simt o răceală în tot corpul! Aud foarte clar, nu îl pun să repete. Întreb atât: "A murit?" El zice NU ȘTIU!

Cip mă trage de la volan, unde eram, și mă bagă pe locul din dreapta, repetă într-una : "o să fie bine!" Pornim cu toți caii către Brăila. Eu devin rigidă, la propriu, nu îmi pot mișca mâinile, îi spun lui Cip că nu pot să mă mișc! El nu știe acum către care spital să meargă, către cel din Brăila sau către cel din Târgu-Jiu, cu mine?

Făcusem un atac de panică, corpul compensează și încet-încet simt iar degetele. Încep să caut în agenda de telefon. Ce caut? Da, să sun...pe cine?.....da, pe Ana, soră-mea. Repet conversația cu tata și îi spun că sunt pe drum. Ea pleacă, în timp ce vorbește încă cu mine, către Brăila.

Să mai sun! Pe cine? Doamne, cunosc atâția medici și pe

niciunul din Brăila! Ba da! Stai, știu, e Dan acolo, colegul meu de bancă, taică-su e medic chirurg bun în Brăila. Nu am numărul lui! Să sun pe cineva să cer numărul lui! Sun pe Denisa! Găsesc! Dan îmi spune că se duce la spital.

Tata mai are baterie la telefon cât să îmi spună că au ajuns la Urgențe și medicii sunt toți călare pe ea! Tot nu aflu dacă e în viață! Trec 20 de minute de coșmar! Dan sună într-un final cu un diagnostic și cu o încurajare plus o părere obiectivă! DA, de asta am nevoie, să îmi spună cineva exact diagnosticul, parametrii, săș îmi facă anamneza pacientului MAMA. Situația e imprevizibilă, e în investigații, politraumă din accident rutier.

Din tot șirul de diagnostice fac o fixație pe cel mai important: fractură de craniu cu înfundare. Adică era de rău, de foarte rău.....mai ales pentru că era MAMA și mai ales pentru că era în Brăila unde nu exista CT sau RMN, mai ales pentru că știam că ai mei nu au bani de șpăgi.

Gonim, e tot ce putem face.

Ba nu, mai pot face ceva, încep să murmur : "Doamne-ajută!" în neștire până când ajungem la București. La București tac pentru că trebuie să iau niște medicamente pentru mama care evident, nu se găseau în Brăila.

Ajung la 3 dimineața, accidentul avusese loc pe la 6 jumătate seara precedentă. Dau să intru pe secția de Terapie Intensivă și mă blochez, încep să plâng isteric, mi-e frică să o vad! Mi-e frică sa o văd, e ca frica aia a mea de oameni proaspăt morți! Cip și Dumnezeu îmi dau curaj. INTRU.

Ea e senină, râde, mă pune să mă uit la mâna ei că ea crede că are ceva acolo.....e clar, e în șoc post-traumatic. Râd și eu și o pup unde găsesc o bucățică de obraz nebandajat! Trăiește!

Vorbesc cu șefa de secție, mă uit în fișa ei și brusc nu mai știu Medicină.....deloc! Ce naiba e o fractură cominutivă închisă de cap chirurgical de humerus? Mai spun o dată Doamne-ajută! și plec către casă să văd ce face tata.

Urmează 3 săptămâni de coșmar pentru mama, de neputință și revoltă pentru noi, ăștia din familie. Încerc un transfer la București cu elicopterul, nu primesc aviz de la București, e netransportabilă și instabilă. Număr orele și ne rugăm.

După 21 de zile este externată și ajunge acasă.

Eu plec către București după ce le cumpăr două prăjituri, pe 2 Aprilie era ziua tatei.

Predau ștafeta lui taică-meu, sunt depășită de situație. Nu știu ce să fac altceva decât să fug la București. Îi las pe amândoi într-o situație stabilă, cum zic medicii. Era de fapt o situație groaznică pentru ei doi, rămași acasă.

Îi fac eu prima doză de Heparină de acasă și plec. Plâng tot drumul.

Mă rog în continuare la Dumnezeu.

La McDonalds-ul din Baloteşti renunţ la America

Stau cu Cip la masă, afară, mănânc cartofii prăjiţi din meniu. Sandvişul îmi aduce aminte de şaorma şi nu pot să înghit. Cartofii sunt uscaţi, beau suc şi tac. E cam 4 după-amiaza, poate 5, soarele începe să apună. E senin, zi frumoasă.

Îi spun lui Cip că pe drumul de la Brăila la Bucureşti am avut o revelaţie: eu de fapt nu vreau să fiu medic şi nu vreau nici să plec în America. A fost cel mai sincer moment din viaţa mea conştientă!

Medic vroiam să fiu pentru ai mei, să fie ei mândri de mine! DA, aveam o pasiune pentru Medicină, dar asta nu însemna că trebuia să şi fac trepanaţii. Mi se deschidea o altă lume, la propriu, puteam să am o viaţă, fără a fi medic.....nu mai gândisem aşa niciodată. Revelaţia- că asta era, o revelaţie- venise într-un moment crucial pentru mine. Îmi hotăram viitorul (prezentul de acum) la o masă la Mac. Nu mă dezminţeam, eram nebună!

Sună telenovelist, dar viaţa mea avea să se schimbe radical. Accidentul maică-mii avea să mă pună în contact direct cu ce ar fi urmat să fie viaţa mea ca medic în America. Urma să fac operaţii pe creierul mamelor altor oameni care stau şi spun Doamne-ajută pe la uşa sălii operatorii. Nu puteam să fiu eu aia! Salvatorul e Dumnezeu, asta îmi era clar. Medicul era unealta. Vroiam să fiu altceva decât unealta cu care Dumnezeu vindecă omul. Mi se tăiase "nasul" de medicinist de tot.

Poate că rolul Americii în viaţa mea ăsta a fost, să îmi taie nasul.

După mai bine de 18 ani îl aveam pe Dumnezeu din nou în suflet. Greu mai fusese fără el!

Începe să îmi "meargă" cartea de muncă

Un somn mai profund şi mai liniştitor decât în noaptea care a urmat hotărârii nu mai avusesem de mult, ca să nu zic niciodată. Parcă mi se ridicase o pâclă de pe ochi. Vedeam dincolo de labirint, de undeva de sus, unde e ieşirea. Mai aveam de mers până acolo, dar vedeam ieşirea.

În Mai 2009 încep să lucrez la Actavis, un job plicticos şi lălâu, fără input personal, cu semnătură cu iniţialele mele.

Până în August 2009 mă săturasem să mă numesc M.A. Eram Maria (încă Alexandrescu), puteam mai mult şi vroiam mai mult. Mai ramânea doar de găsit mai mult.

Repii (unii dintre ei) visează să facă shift-ul către cariere de monitori clinici la firme de studii clinice. E muuult mai bănos, munca mai puţin terfelitoare şi sună mai savant titlul jobului: monitor clinic. Eu eram un fost Rep care încă visa să găsească mina de aur.

Şi o găsesc....melcii, deh, nu e târziu să vă apucaţi şi acum de mâncat! De fapt mă găseşte ea pe mine. Mă recrutează o firmă mică, austriacă, private-owned pe o poziţie de monitor clinic de studii fază IV, adică ceva mai de la coada vacii ca nivel de carieră....dar mai conta? Intrasem în mină. Mai târziu aflu eu că trebuie să sap mult ca să ajung la aur, dar jobul ăsta îmi va schimba destinul, din nou.

Interviu dau cu şefa reprezentanţei în România (şi unica angajată la momentul ăla) şi cu şeful meu direct, un iranian, venit special pentru mine de la Viena. Atracţie reciprocă tridimensională, încep luni!

Ce încep?...păi orice e nevoie: fac cafea, duc gunoiul, concep chestionare de pacient, depun acte la Autoritatea Medicamentului, contactez medici "la rece" (cel mai Kamikaze task). Fac ce se cere. Fac orice şi un pic mai mult.

Începusem cu salariu cât cerusem. Copil prost, (încă) cer fix minimul cât să mă încadrez la Prima Casă, adică cam 800 de euro. Se bate palma fără prea mult tam-tam, bucurie mare în tabăra angajatorului. Mina lui de aur se numea Maria

Alexandrescu și nu M.A.

Proprietarul este un domn armean, în varsta de 67 de ani, un om cu un istoric care nu încape nici în 10 bloguri. Doar să vă dau un indiciu, e cel care aduce primul medicament străin pe piața românească în 1960 și ceva. Un "vulpoi bătrân" în ale business-ului care are planuri mari cu mine și pentru mine, o fostă-medicinistă, fostă-rep, fostă-încercătoare-de-plecat-în-America.

Timp de doi ani plini stau în preajma lui, cu gura căscată și învăț tot ce pică sau tot ce îmi dă din când în când cu dărnicie. Salariul se făcuse 1200 de euro după doar 4 luni de la angajare. Oamenii cu adevărat bogați (nu numai financiar ci și spiritual) sunt cu adevărat darnici. Eu cunoscusem unul, pe Dumnealui.

Doi ani am alergat ca o muscă pe lângă veioză în toată țara, am făcut posibil imposibilul, am strâns victorii mici dar și victorii mari, am strâns echipă de 2 oameni pe care o coordonam personal. Avem de toate, mai puțin ceva: ENERGIE! Nu mai puteam, era prea mult. Munca la firma asta era ca munca din America, numai că acum o făceam de 2 ani. Trebuia să mă opresc!

În August 2011 obțin un job fancy-pansy la Sandoz pe un salariu foarte mare (sunt încă în clauza de non-disclousure pentru 5 ani, deci nu pot să public). Era neașteptat de mare, dar mare de tot! Toate beneficiile plus unul, cel mai important, aveau sediul peste drum de Ikea, adică foarte aproape de casă. Făceam 7 minute pe ceas, fără să iau radar, 5 minute cu radar luat (de multe ori). Timp de un an muncesc, încerc să fac ce faceam și dincolo, să mă afirm....dar stai! aici e spirit corporatist, o luăm încet că ne trebuiesc x aprobari și...durează! OK.

Opresc un motor și bag pe pilot automat sau "cruise" din Engleză.

E bine.

În Martie 2011 ne luăm casa....în sfârșit!

CASA la 30 de ani, împliniți!

Casa era casă, nu apartament și avea teren. Da, teren, cu pământ în care poți să pui semințe de iarba și crește iarba! Da, din aceea. Nici prea mare, nici prea mică, cochetă, pentru noi doi mai mult decât suficientă. Cel mai important: o luăm noi doi, din puterile noastre finaciare și muncușoara noastră. Pe toată! Plus mobila și tot ce mai avea în ea și în afara ei.

Pentru 30 de ani nu era rău! Și da, eram împliniți, amândoi.

Eu nu m-am atașat niciodată emoțional de niciun lucru. Și acum, pot pierde orice și nu trag niciun suspin de părere de rău! Ducă-se! DAR primul fir de iarbă care a ieșit într-o dimineață de Iunie 2011 a fost singurul "lucru" pe care îmi venea să îl iau cu mine peste tot, să îl știu în siguranță. Cipri brăzdase pământul ăla uscat de Baloteşti ore în șir. Am uitat să vă spun că el nu a dat în viața lui bani unui meseriaș, se ghidează după principiul ce poate face ăla și nu pot face eu ca să îl mai și plătesc?

Au început să curgă weekend-urile cu grătare, bere, prieteni și familie și başca îl înduplecasem pe Cip și îmi luasem mult visatul câine, pe Pretty. În toamnă un câine a devenit doi câine, a mai venit și Dulfa. Două maidaneze, dacă vă întrebați ce rasă, cea mai pură rasă, aia de câine devotat cu adevărat și câine care mai are ceva instincte câinești.

Era pace, liniște și în diminețile de vară simțeai o boare ca de mare. Sau poate mi se părea...

Credeați că m-am liniștit, nu?

Ei bine, nu, nu mă liniștisem, Dumnezeu mai avea treabă cu noi!

Ședința la Munchen

În Iunie 2012, către finalul lunii sunt chemată la o ședință în Munchen. Durează 2 zile. Sunt cazată în centru și fac seara ture-ture de turist. Îmi place la nemți. Auzisem numai de bine despre țara asta. Știam să spun doar "Danke!".

A doua zi de ședință mă trezesc cu o stare proastă: greață, dureri de burtă, de cap.....mâncasem poate wurst-ul ăla grăsos cu o zi în urmă.

Am de făcut prezentare și trebuie să mă pun rapid pe picioare. Cer pe la colegi "ceva de cap"...o tipa îmi întinde 2 pastile doză-de-cal, doar lucram "la medicamente". Pun apa în pahar și mă opresc! Mai bine nu le iau, poate sunt însărcinată....naiba știe!....nu, nu le iau!

Șeful meu din Germania, unul din cei 3, (da, eram ca iedul cu 3 capre) mă întreabă de sănătate, de muncă....small-talk. Se plânge că el e copleșit, că are mult de lucru și caută oameni, dar nu prea găsește. Nasol! Știam cum e cu găsitul de oameni.

El zice zâmbind:"dacă ai vrea, mâine te-aș angaja!" și râde cu hohot....râd și eu, deși îmi plesnește capul de durere. Tace brusc, apoi continuă:"te-ar interesa?". Zic din politete că nu știu despre ce e vorba. El atât așteaptă și îmi face descrierea jobului. După partea cu "trebuie să te relochezi la Munchen" nu mai aud nimic, îl vad pe muțește cum dă din gură.

Păi și casa?...abia m-am liniștit și eu! Liniștea nu fusese inventată pentru mine.

Zic zâmbind că trimit un CV când ajung la București.
Danke!

Puşca şi cureaua lată, ce emigrant mă visam odată!....

"Cum fu la şedinţă?".

"Bine, mi-au propus să ne mutăm în Germania". Discuţia telefonică cu Cip din aeroportul din Munchen.

"Ce tare!!!.....tu ce zici?

"Dar tu?"

Cipri zice un "Hai că ne gândim!" A doua zi dimineaţă trimit CV-ul. În 3 zile aflu că susţin un interviu telefonic. Puşca mai avea ceva pulbere....nu murise de tot.

Al naibii wurst, m-a întors pe dos toată săptămâna. Cumpăr un test "de wurst".....cine ştie, poate mai e în burtă şi altceva decât un wurst.

V-o prezint pe Ingrid-Maria Bacoi!

Pe 13 iulie 2012 în Munchen sunt 13 grade Celsius

Nu am supersiții....aşa s-a nimerit. Ingrid era cu mine, Cipri era cu mine, bântuia prin Munchen cât am fost la interviu.

Punct țintit, punct lovit. Ajung doar până la aeroport unde aşteptăm să ne întoarcem acasă şi primesc telefon: ne mutăm la Munchen!

Ingrid se bucură, simt eu, deşi e înca doar un sac embrionar.

De Ingrid nu ştia decât şefa HR-ului din Germania care mi-a sugerat că nu am o obligație să spun ceva până în ziua naşterii copilului.

Corporație, te iubesc!

Punct. Şi de la capăt

Pe Ingrid am văzut-o în ochii lui Cip de pe la a doua întâlnire din 2002. El era! Copilul mi-l doream cu el. Înainte de Cip nu exista în mintea mea ideea de căsătorie, de copil, de casă, de familie. Trăisem ca o haiducă. Culmea, el căuta permanent libertatea, în orice circumstanţă. Reusisem însă, vorba cânteculului meu favorit (Katie Melua - "If you were a sailboat") să îl nail down to the floor. Era omul meu şi treceam şi prin foc pentru el.

Eu nu cred că există dragoste la prima vedere. Există îndrăgosteală, da, asta cred, dar dragostea e altceva. Pentru mine dragostea era Cip. Niciodată nu mi-a făcut poezii, declaraţii siropoase, sărutări pasionale pe poduri de ape....NU! El doar mă iubea. Când treci alături de un om prin multe întâmplări, bune şi rele, tu devii el şi el devine tu. Cam aşa eram noi. Visam acelaşi vis nopţile, vorbeam aceleaşi vorbe şi gândeam aceleaşi gânduri.

Ingrid era o bucăţică din noi care ducea mai departe dragostea noastră. Nu ştiam să fim mamă şi tată. Ştiam însă că un copil vine din bunăvoinţa lui Dumnezeu şi ne bazam pe instinctele care urmau să apară.

O să vă surprind poate dacă vă spun că nu m-am visat niciodată mireasă şi nici mamă. Nu îmi închipuisem nimic. Aşteptam să văd cum va fi.

Mireasă fusese frumos şi simplu. Am anunţat nunta şi data ei cu 2 săptămâni înainte de 5 Noiembrie 2011 (data efectivă). Rochia mi-am luat-o din Cocor cu 3 milioane şi pe etichetă scria rochie de seară, de aia şi avea preţul ăsta de second-hand. Am mai dat 5 sute de mii pe boleroul de blăniţă (deh, era frig) şi 5 lei pe puful din cap. Buchetul l-a făcut naşa şi pantofii i-am luat din şifonier, unii alburii, de birou, cu toc jos. Cip dăduse pe costumul lui 4 milioane. Pantofi avea. Nunta am facut-o într-un restaurant mic din Piaţa Rosetti unde am luat o rezervă pentru câteva ore de la 4 după-amiaza până pe la 11 noaptea. Meniul a fost a la carte, cu câte 3 opţiuni pe fel de mâncare.

A fost o zi în care m-am simţit iubită.

Ingrid venea ca un firesc în viața noastră.

Să ai o viață cum aveam noi atunci era extraordinar, după criteriile noastre, ale prietenilor, ale societății. Bifasem cam tot ce ne trebuia.

Atunci, de ce plecam în Germania?

Răspuns clar și răspicat: Cum am putea să nu plecăm? Nu plecam de la ceva rău, plecam la ceva BUN. Aparent nu are nicio noimă. Noi simțeam amândoi că e bine ce facem și acționam din instinctul comun. Da, aveam și așa ceva, un instinct combi.

Plecarea în Germania e stabilită pentru 1 Septembrie 2012. Pe 3 Septembrie era prima zi de lucru a mea. Luam cu noi pe Ingrid, mașina, haine, laptop și fier de calcat.

Lasam în urmă TOTUL.

Păi parcă vorbeam de bani...

Da, corect! Vorbeam de bani.

Nu am deraiat, am făcut o buclă temporală ca să înțelegeți puțin de unde venim eu și Cip. Suntem, cum spuneam, doi provinciali cu ardei iute în fund. Toată plimbarea prin cei 10 ani are un scop. Plecam amândoi în viață cu nimic și vroiam totul. Bănuiesc că știți mulți dintre voi cum e treaba asta!

Păi cică din rahat nu poți să faci bici.

Ba poți! Cu imaginație, muncă și încredere. Le făcusem pe toate și banii s-au facut și mai și pocneau.

CUM? Eh, dragii moșului, acum luăm o pauză de la Germania și vă bag în capitolul tabu pentru unii, enervant pentru alții, incitant pentru puțini și total necunoscut pentru generația părinților noștri. Nu e o ceartă pentru ei, e un fapt demostrat științific, ai noștri pun egal între bani și salariu, altă definiție nu știu să aibă.

De cele mai multe ori, oamenii renunță să facă bani înainte să fi început. E descurajant să vezi că muncești mult, bine și când bagi mâna în portofel nu găsești nimic. Dai vina pe șef, pe firmă, pe mama, pe tata, pe nevastă, pe copii-mâncători-de-jucării, pe Guvern (cel mai des). Dar NICIODATĂ pe tine. Că doar tu faci totul.

Da, faci totul, e corect. Tot ce crezi că poți. Ești convins că atât poți. Aici e soluția: trebuie să iți crăcănezi mintea și să îi bagi fortat pe gât ideea următoare: POT MAI MULT DECÂT CRED CĂ POT.

Păi dacă venea unul și îmi spunea în Mai 2003 că în 2 luni aveam să muncesc 100 de ore pe săptămână, îl credeam? Nu, clar! Autosuficiența e o stare firească a omului, îi vine natural, ca făcutul de pipi. Muncești, obosești și apoi relaxare. Cum adică să continui? Tu știi că nu poți. Ți s-a spus că nu poți. Păi cine ți-a spus? Păi poate mama, tata, scoala, TV-ul, Guvernul (săptămâna de muncă are legal 40 de ore).

Păi bine, o să spui, îmi vrea mama rău? Nicidecum. Ea îți vrea numai binele, dar așa întelege ea binele. Că așa i-a spus și ei mama ei. Jucăm ştafeta în familie. TOŢI.

Mai ai o chestie băgată în cap, probabil, că trebuie să munceşti pentru bani. Toată viaţa, până ieşi la pensie. Altă cale nu e dacă vrei să fii cinstit. ZAU?

Păi ce, banii ştie să "munceşte"?

Ei săracii nu ştiu, sunt nişte hârtii colorate, inventate de om de câţiva ani, controlate de unii şi păcălicioase pentru maaarea majoritate.

În Decembrie 2009 lucram la firma mică, austriacă. Aflasem că din Ianuarie iau salariul ăla mare, 1200 de euro pe lună. Era cam 16-17 Decembrie şi mă sună şefa să îmi spună că bagă salariile pe Decembrie mai devreme, aşa, ca de sărbători, să avem şi noi ca tot românul şoric pe masa de Crăciun.

Salariul anterior intrase la sfârşit de Noiembrie, deci acum aveam cam 53 de milioane pe card. Ce era după 53 de milioane nu mai ştiu, dar 53 reţin perfect. Aveam card de BCR. Scot extras de card de la bancomat şi mă uit cu drag la el. Doamne, ce sărbători frumoase fac cu banii aştia! Îl sun pe Cip, veselă. El are cromozomul Y în el şi îmi spune:

- Bravo! Super! Unde eşti acum?

- La Piaţa Amzei, de ce?

- Nu te bagi tu la Transilvania (banca) să pui 30 de milioane în depozitul tău? (aveam şi eu un depozit în care aveam câteva sute de mii, era la vedere, avea o dobândă mică, dar puteai să îi scoţi când pofteai).

- Cât?? Păi şi de sărbători ce facem? Mai iau bani în Ianuarie, la sfârşit. (ştiţi cu toţii, luna Ianuarie e comatoasă, mănânci margarină destul de des).

Mă convinge şi mă duc teleghidată, spun că vreau să depun 30 de milioane. Îmi tot repet că îi scot dacă am nevoie (de fapt aşa mă păcălise şi Cip). Trec sărbătorile, nu mă întind prea mult nici cu masa, nici cu cadourile. Pe 3 Ianuarie mai aveam vreo 7-8 milioane. Na! îmi zic, acum trebuie să scot de la Transilvania. Cip insistă să mă abţin până când rămân de tot fără

57

bani. Mă abțin până pe 31 Ianuarie! Banii rezistaseră.

GATA! Învinsesem balaurul, supuneam eu banii și nu ei pe mine!

Banii mei muncesc puțin, dar măcar nu stau degeaba

Aveam o dobândă foarte mică la depozit față de unul la termen. Așa îmi trebuia, dacă eram fricoasă! Mă consolam că măcar sunt acolo și nu îi cheltuiesc.

Mai în glumă, mai în serios, Cip îmi spune că de acum, începând cu luna februarie pot să pun deoparte câte 30 milioane în fiecare lună. Ete fleoșc! Nici chiar așa!....sunt și eu om, am nevoi...NU pot! El are răbdare și îmi explică că dacă îl fac ca pe un obicei, o să îmi placă.

Greu a fost până am prins gustul. La sfârșit de Februarie mai aveam bani în portofel rămași din luna precedentă. Mă simțeam puternică!

Fac din asta un obicei și pun lunar, timp de multe luni, suma asta deoparte. Vedeam numai pe fluturaș salariul întreg. În ziua salariului pluteam suavă către BCR și făceam transfer către Transilvania....30 de milioane fără excepție.

Abia după aia plăteam chirie, mâncare, și altele.

Eu eram prioritatea mea! MĂ PLĂTEAM prima.

Nu trebuie să inventezi tu roata, doar folosește-o!

Tot ce îmi spunea Cip era bine știut și de mine, din cărțile citite. El, fiind mai puțin hormonat decât mine, gândea totul mai pragmatic. Era îngerul meu păzitor! Ce v-am povestit până acum era scris și luat din cărți. Așa se face treaba dacă vrei să ai un ban.

Oamenii care pun bani deoparte îi pun de cele mai multe ori deoparte ca să îi folosească ulterior, pentru o achiziție mai babană. Pe românește, ăsta e "strânsul curelei" (mai aveam o expresie, dar poate mai citesc copiii). Nu e bun că te constipă. Scopul pusului de bani deoparte era înmulțirea lor. Da, înmulțirea, ca maioneza. Știu banii să facă și asta? NU! Dar unii oameni știu.

Ei sunt cei care au inventat roata aia pentru ca tu să o foloseşti.

Ia d-aici inspiraţie şi în general de oriunde poţi, fură, copiază...eşti scuzat atâta timp cât vrei să FACI ceva, nu doar să te lamentezi că banii sunt ochiul dracului.

Sunt doar nişte hârtii colorate...

ŞOC! Cuplul Bacoi în pragul despărţirii.....ţin banii separat!

Da, ţineam banii separat.

....

Aici vă exprimaţi voi uimirea cum vreţi: What? Cum? De ce? Ce naiba? Vă certaseţi?
Nu, domnule, o duceam bine, dezmint ştirea mincinoasă.

Investiţiile le ţineam separat şi cheltuielile casei, TOATE, le împărţeam la doi. Asta, ce scriu eu aici, nu se vrea o reţetă, e viaţa noastră povestită. Nu trebuie aprobată sau acceptată. Eu spun cum am facut şi de ce imediat. Risc să pierd ceva cititori la punctul ăsta. Aveţi, vă rog, puţintică răbdare şi nu abandonaţi călătoria cu mine!

Când luam salariile, ne plăteam fiecare pe noi, fiecare cât dorea, poftea, si îi băga în ce dorea (bursă, fond de investiţii, depozite, valută....etc). Ne consultam, evident, ne influenţam, dar eram titulari separaţi pe investiţii. Cheltuielile se împărţeau just la 2, toate... mâncare, curent, net...tot.
NU ERAM CERTAŢI!

Scopul şi beneficiul: Scopul era să te responsabilizezi. Să vezi exact cât caştigi şi cât cheltuieşti. Când e oala mică, îi vezi fundul mai uşor. Când e oala mare, tot bagi mâna şi nu vezi când ai atins fundul. Beneficiul enorm era că nu mai puteai da vina pe celălalt, că şi-a luat pantofi, sigur, noi mâncăm pantofi!...sau: da, îi mai trebuia lui încă o bormaşină, nu avea una deja? (Exemplul e fictiv. Eu îmi iau pantofi extrem de rar şi Cip repară bormaşina veche.

Cum ziceam, mergeam împreună către Lumină şi totuşi fiecare pe calea lui.

NU pusesem deoparte cât salariul lui Esca, dacă asta vă întrebați!

Lucrurile mergeau bine, împreună ne apropiam la milimetru de miliard. Da, da, ați citit bine. În cât timp? Din toamna 2009 până în Martie 2011.

În Martie 2011 am luat casa, am dat banii pe avans, și de toate în casă, am luat mașina și ne-am luat o mare grijă de pe cap! CASA.

Casa este o investiție numai dacă este re-vandabilă. Altfel, este o cheltuială. Adică dacă tu iei apartament din 1960 și locuiești în el 40 de ani la rândul tău, își pierde valoarea, nu și-o mai crește, deci nu o poți numi investiție. Nu ai scos profit.

Mașina nu era investiție, dar era necesară. Cip renunțase la job și nu mai avea mașina de serviciu.

În Noiembrie 2011, după nuntă, eram din nou la START.

Numai că acum știam jocul mai bine ca niciodată.

Test de imaginație

Ca să vă ajut să înțelegeți ce simțeam noi, imaginați-vă că în lumea asta nu ar mai exista brusc bani. Pur și simplu! Se ard, se distrug, nu mai există. Credeți că se moare de foame, cum credeți că se întâmplă? Fiți regizori pentru un minut!

Deșteptii supraviețuiesc, proștii caută soluția la televizor. Așa era scenariul meu. Vroiam să fiu printre ăia deștepți. SECRETUL era să nu dai importanță banilor!

Păi bine, mă, Măriei, ne-ai împuiat capul până acum cu importanța lor, cu investiția, cu constipația și acum zici să nu le dăm importanță?

Da, banii nu au nicio importanță în sinea lor. Ei cumpără sănătate, dar nu îi pui pe rană, cumpără mâncare, dar nu îi mănânci, cumpără distracție, dar nu zbori pe covor de bani. Banii sunt esențiali, după părerea mea, asta dacă ai ales să trăiești convențional, în lumea asta, așa cum o știu eu și voi. Banii nu mai sunt esențiali pentru cei care au ales să își cultive singuri mâncarea, să își construiască singuri casa, să facă troc cu alimente, haine și mai știu eu ce!

E o pură opțiune cum alegi să trăiești! Nu are nicio relevanță dacă ești aprobat sau nu, dacă ești criticat sau nu! Important e să știi pe ce cale mergi. Nu trebuie nici măcar să fii consecvent.
Poți să fii pustnic un an, să revii apoi în Dubai, apoi să mergi la aborigeni și apoi înapoi în lumea asta, așa cum o știm noi. E treaba ta! Numai să știi ce vrei!

Imaginați-vă cum ar fi să știți ce vreți. Ar fi simplu totul, nu?

Există masoni? Who the fuck cares?

Voi credeţi că de aia aveţi zile în care vă descurcaţi greu cu banii....că e de la masoni? Aţi cunoscut vreunul? Eu nu! Dar mogulul, mogul aţi cunoscut? Nici eu! Păi şi atunci cine ne fură banii şi cine îşi bate joc de noi? Păi nu ştiu! Poate noi înşine, zic şi eu, nu ştiu......

Ţara te vrea prost! DA. Ţara te vrea prost, sărac, limitat, necăjit, beţiv, fumător!

Păi de ce? Păi ca să plăteşti tu taxe şi ca să facă ei legi care te bagă pe tine "în servici".

Aha...teroria conspiraţiei! NU, e realitatea, nu e nicio conspiraţie, fac şi ei ce li s-a spus din mamă în fiu şi din tată în fiică! Nu ştiu să facă altceva. Perpetuează nişte stereotipuri cu care au crescut şi ei şi noi şi voi. Mai mult sau mai puţin facem aceleaşi lucruri. Ne naştem, facem scoală, muncim, plătim taxe, ne uităm la TV, mâncăm şi apoi murim. Nu neapărat în ordinea asta, numai murim rămâne la final.

Omul vrea explicaţia exterioară lui.....nu eu domnle'....uite! ăla e vinovat! MASONUL! El ne ia banii şi ne sărăceşte. Ok, nu mai plăti taxe la mason, e simplu, fă ceva şi păcăleşte-l pe Mason......deşi mă îndoiesc că masonul, dacă există, dă doi bani pe noi. Păi da, dar la TV au spus....bla, bla, bla.....cine au spus? tot unii ca noi, puţin mai machiaţi şi mai bine plătiţi (poate).

Televizorul spală creierul, nu am nicio îndoială. Televizorul ţine omul frustrat, încruntat şi înfierat şi îl mai relaxează din când în când cu o emisiune de divertisment sau cu câte un film BUN. Din ăla cu eroi pozitivi şi negativi, îţi bagă în cap că trebuie să fii sărac ca să fii bun şi admirat şi numai unul bogat poate fi atât de al dracului. Aşa sunt TOATE filmele....de la "101 dalmaţieni"...la...ce vreţi voi...."Titanic".

Să fii bogat nu e un păcat! Să fii bogat nu atrage după sine boală, nefericire şi impotenţă, cum ne bagă ăştia cu TV-ul sistematic în cap. Fără să ne dăm seama, fugim de bogăţie, că doar nu am vrea să fim răi şi huliţi şi singuri......aşa-i că în toate filmele, bogătașul rămâne cu ochii în soare și săracul o ia pe fata cea mai frumoasă? O duce la el, în sărăcie și ea e fericită.

Sărăcia e primul pas către pierzanie și către prostie. Dacă ramâi sărac, nu ai cum să mai devii deștept!

PĂREREA MEA!

Pierdut Dumnezeu! Îl declar NUL.

Aveam 7 ani şi îi iubeam pe Isus, pe Dumnezeu şi Maica Domnului. Îi iubeam aşa cum îi iubeam pe mama şi pe tata. La noi în casă nu fusesem învăţată să merg la biserică, nu mi se pusese Biblia în mînă. Soră-mea făcea mişto de mine şi de al meu Dumnezeu necontenit! Ea se declara fără Dumnezeu! Ea avea 12 ani şi eu 7.

Pictam icoane pe sticlă cu atâta pasiune, că ieşeau nişte mini-opere de artă! Mă uitam către Cer ori de câte ori aveam lucrare de control şi vroiam să iau 10. Mă ajuta mereu Dumnezeu, luam zece!

Bunică-mea ne ducea la biserică în timpul verilor petrecute la ea. În fiecare duminică, fără excepţie, ne ferchezuia şi mergeam la biserică, duhnind a apă de colonie. Mergeam ca pe ouă pe cărarea dintre porumbi ca să nu ne murdărim.

La biserică era bine, lumină nici prea multă, nici prea puţină, miros de tămâie, colivă din când în când, colaci, şi murmur. Mă conectam la atmosferă instantaneu, îl simţeam pe Dumnezeu cu mine mereu, nu numai acolo, la biserică.

Nu discutasem cu nimeni subiectul, citeam o Biblie în imagini de la nu mai ştiu ce editură celebră şi o ştiam deja pe derost, povaţă cu povaţă. Plină de morală creştină, te învăţa să faci bine. Dacă faci bine, ajungi în Rai şi Dumnnezeu te iubeşte! Exact asta îmi doream şi eu.

Vreo 5 ani la rând am tot făcut bine! Cât puteam eu să fac de bine la vârsta aia, mângâiam maidanezii, dădeam firimituri la păsărele, ajutam o băbuţă să treacă strada, nu vorbeam urât şi îmi ascultam părinţii. Mă simţeam pe calea cea bună, cu Dumnezeu sus, pe Cer, stând turceşte pe un nor. Era bătrân, cu barbă albă şi ochi albaştri, blânzi. Nu vorbea, doar zâmbea. De vorbit, vorbea Biblia în numele lui.

Pe la 12 ani remarc cu stupoare un fapt care începe să mă macine! Aveam la bloc copii care nu făceau doar fapte bune, ca mine, ba chiar făceau fapte foarte rele! Pe ăia îi vedeam mereu bucuroşi, râzând şi nu păţeau nimic, niciodată. Eu, pe de altă parte, făceam doar bine şi în schimb primeam zile amare. Sufeream ca un câine când vedeam că se ceartă mama cu tata, asta era suferinţa mea supremă de copil de 12 ani.

Vreo 2 ani nu am mai fost de acord cu teoria aia cu bunătatea. La ce bun atâta chin?

La 14 ani moare bunicul meu, cu care copilărisem şi jur că voi deveni medic să salvez oamenii de la moarte.

Dumnezeu mă pierduse de client, îl lăsase pe bunicul să moară!

Mi se umpluse paharul!

Dumnezeu e NUL!

Fără Dumnezeu, bântuiam prin viață

Când o pup pe mama pe față în dimineața aia nasoală, la 3 dimineața, îl reîntâlnesc!

E tot acolo, neschimbat, tot în cer! Eu sunt muuult schimbată, de nerecunoscut.

Îl simt pe Dumnezeu cu mine mereu, am conversații imaginare cu el, îl cert când mi-e greu și îl intreb de ce îmi dă viață grea? Când îmi revin, îmi dau seama că el nu greșește cu nimic. Eu o mai iau pe arătură din când în când.

Cine e Dumnezeu? E Forța aia pe care o simt eu în creier și în inimă. Fără ea, nu fac mulți pureci. Fără ea nu am încredere, sunt suspicioasă. Dumnezeu e în oricine și în orice. Dumnezeu e materia și anti-materia, e Universul însuși, e cine vrea mușchiul lui sa fie!

Biserica e o clădire scumpă, prea scumpă! Are oameni în ea și din când în când acolo găsești colivă.

Religia e dogmă pură, menită să tâmpească oamenii sau să îi dirijeze într-o direcție dorită. Biserica are oamenii la degetul mic....Biserica bate Guvernul din orice țară, de departe!

Dumnezeu nu e nici în Religie, nici în Biserică. El e în mine și în tine, în Pretty și în Dulfa și mai ales în INGRID. Fără el nu poate ieși nimic frumos în lumea asta.

Urâtul și Răul din lumea asta nu sunt făcute de Dracul, sunt făcue de om, cu multă muncă.

Și ăia răi îl au pe Dumnezeu în ei, dar nu le pasă sau nu știu că îl au.

El e acolo mereu, e în moleculele de carbon, oxigen, azot, hidrogen și heliu, e în ADN.

Willkommen in Deutschland! Plecarea.

Mai dau o raită cu privirea prin casă ca să fiu sigură că nu am uitat ceva esențial. Trag aer în piept, că parcă mă jenează ceva la respirat.

Când ies în curte, Pretty și Dulfa dau din coadă încântate, se așteaptă să urce și ele în mașină. Mă aplec la ele, le șoptesc încă o dată că le pupă mama și că promit că vin repede și după ele. În luneta mașinii îi văd pe toți 4 în poartă: cațeii, Ovi și Mihaela. Mă trec lacrimile, e pe bune, plecăm!

Conduc eu prima parte din drum și ne zicem unul altuia cuvinte de îmbărbătare. E clar că avem emoții mai mari ca niciodată, nu plecam numai noi, acum era cu totul altceva, o aveam pe Ingrid. Mergem întins până la Arad unde avem cazare. Acolo comandăm ceva de mâncare și încercăm să adormim. Greu! Iar ne aruncasem pălăria peste gard.....acum mergeam să o luăm!

Se petrecuse totul incredibil de repede. Pe 13 Iulie aflasem că am obținut jobul și acum, pe 1 Septembrie, eram la Arad, mâine în Germania.

În weekendurile din ultima perioadă de acasă am chemat pe la noi neamurile, prietenii, ca să ne facem plinul cu amintiri de ultim moment. Alături de noi erau toți cu gândul bun și ne ajuta, dar plecam singuri, din nou.

Eram însărcinată în săptămâna a 15-a și îmi era greață și de aer. Aș fi mâncat-o și pe Dulfa la proțap (că aveam foame) dar îmi era greață. Muncisem în România până vineri, pe 31 August, inclusiv, drept pedeapsă de violare a procedurii. Corporatiștii știu cum e cu violarea procedurii. Nu e de bine! Sărisem, se pare, niște pași în recrutarea mea la sediul central (neintenționat, evident) și acum plăteam. De sarcină nu anunțasem oficial decât pe șefii direcți (cei 2 din România). Ei au susținut plecarea în Germania cu toată forța, dar a trebuit intervenit "mai de sus" ca să fie treaba bună.

Vă întrebați poate de ce am fost tocmai eu ALEASĂ?

Pentru că melci...Glumesc! Era un motiv întemeiat: la

angajare în Sandoz, cu un an în urmă, primisem un task suplimentar și l-am acceptat atunci fără să știu despre ce este vorba. Eram responsabilul pe organizația din țară cu implementarea de măsuri de minimizare a riscului. Sună fancy, știu. Pe scurt, mă asiguram că în România se face ce spun cei de la centru și că suntem în ton cu ei. NU era o responsabilitate imensă, adică mă descurcam, mai greu era să le fac să priceapă pe Doamnele de la ANM cu ce se mănâncă Managementul riscului.

Șeful meu din Germania căruia îi raportam direct activitatea asta m-a luat în colimator (în sensul bun) și mi-a făcut propunerea așa cum v-am povestit. În Germania nu or fi fost unii mai deștepți decât mine? Cu siguranță erau, dar nu îi găseau ei. Le trebuiau medici neapărat, cu experiență în așa ceva și asta era o sită foarte fină de care nu treceau mulți. Lucky me, din nou!

Mă simțeam flatată că primisem așa ocazie, povesteam pe la serviciu colegilor cu o licărire în ochi. Mulți or fi zis că sunt nebună, să plec așa, cu cățel, cu purcel. Ba șeful făcea mișto de mine că să le fac pașapoarte și albinelor, cum le făcusem cățelelor (da, aveam 5 stupi ai noștri, înmulțiți în gospodărie - o pasiune molipsitoare de-a lui Cip și o fascinație pentru mine). Am apucat să mâncăm un fagure de miere și le-am dus la tatăl lui Cip, un apicultor vechi.

Pachetul de relocare, că așa îi spune, era minunat. Aveam cazare 3 luni la hotel plătită (camera era un fel de garsonieră și cu chicinetă), prima de instalare generoasă, taxe de agenție imobiliară plătite, cursuri de limbă plătite pentru amândoi, firmă specializată în servicii de relocare care ar fi trebuit să ne ajute cu cazarea, documentele de venire și acomodarea din primele săptămâni. Coroprație serioasă, de 120 de mii de angajați. Era bine!

Primisem întrebări concrete de genul: de ce plecați? De rău nu puteam răspunde, știți voi, când zici că nu mai suporți situația x, că e greu cu nu știu ce treabă din viața ta. Nu era!

Păi și atunci?

Plecam pentru că așa ceva nu se refuză! L-aș fi supărat pe Dumnezeu!

Îmi vine să mă urc în primul tren

Ajungem pe 2 Septembrie, duminică, la hotel. Luxos aş putea spune. Mă cărasem, ca românul, cu fierul de călcat după mine şi masa de călcat (nu văzusem pe net la descrierea camerei să aibă). Aveau şi desfăcător de vin şi suporţi de plută de pus oala încinsă pe ei, aveau polonic, maşină de spălat vase.....de TOATE.

Camera era la etajul 4 şi aveam vedere către gara de est din Munchen. Hotelul e la 15 minute de mers pe jos de centrul istoric unde urma să ne facem multe plimbări de seară. Prima cină o luăm la Subway, în gară, că am ajuns pe la ora 19 şi la ora aia nu mai găseai mare lucru. Nemţii au un obicei sănătos (printre altele) închid duminica toate magazinele. Sunt deschise benzinăriile şi ceva farmacii non-stop. Duminica e repaos total, forţat!

Mă simt stingheră, deşi abia am ajuns şi ştiu povestea cu acomodatul, dar parcă nu înţeleg ce caut acolo. Ne aşezăm în aşternuturile curate, albe, călcate şi mă gândesc că poate luăm mâine primul tren şi ne întoarcem acasă să culegem roşiile alea din faţa bucătăriei de acasă, din care nu am apucat să gust nimic.

Adorm cu gândul la roşiile, ardeii, pătrunjelul, zmeura rămase acasă. Oare căţeii ce fac?

"Trebuie să vă spun că sunt însărcinată, în Februarie o să nasc!"

Las să treacă 3 săptămâni de la începerea lucrului și când împlineam 18 săptămâni de sarcină, cer o întâlnire cu șeful șefului meu. Trebuia să arunc bomba și aleg o zi de vineri ca să vină weekend-ul peste întâmplare. Stau cu inima în gât de frică să nu mă concedieze! Cu mintea de femeie gravidă să nu te pui niciodată, e capabilă de multe idei ciudate!

Primisem toate asigurările de la HR-ul nemțesc că nu am de ce să îmi fac griji, că legal sunt protejată și că în plus, șefii mei sunt oameni, înțeleg situația, orice ar fi!

Șeful meu cel mare e un domn neamț, pe care dacă îl vezi pe stradă, nu ai cum să crezi vreo clipă că e altceva decât neamț. Un om care te intimidează prin autoritate înnăscută și zâmbitor în același timp, o combinație letală care te face să te întâlnești cu el cu privirea ușor către pământ.

El îmi cere impresii de început de lucru, e politicos, încearcă să mă facă să mă relaxez. Eu răspund monisilabic, sau cât mai scurt, că e bine, m-am acomodat, totul e bine.....dar că trebuie să îi spun ceva: "sunt însărcinată și în februarie o să nasc!" . Este pe fază și își dă discret o palmă peste frunte. Eu înghet pentru câteva fracțiuni de secundă. Apoi spune: "Ești a cincea din departament!" și începe să râdă.

Râd și eu ca într-o descărcare nervoasă. De acum, fie ce o fi, eu am spus!

Aflu în zilele ce urmează că nu e nimic deosebit. Da, ok, le încurcam planurile puțin că se gândeau că rămân descoperiți când intru în concediu, dar femeile fac copii și în Germania, chiar prea puțini.

Toată după-amiaza de vineri bolesc, mă epuizase întâlnirea.

Burta, ca la un semnal, începe să se vadă începând de luni.

Ingrid, o mamă și un tată

E 2 octombrie, pe la prânz, afară e soare. Șase ochi stau ațintiți către monitorul de ecografie.

"E fetiță, felicitări! " Mă uit la Cip, văd sclipirea din ochi pe care numai eu o știu, aia a iubirii...el mă strânge de mână tare și zice: "fetiță!"

Fetiță....

Mintea îmi stă inertă, nu știu să fac un gând coerent. Am bucurie în suflet, dar mintea e goală. Nu mă gândisem la asta, dar sincer, nici la băiat nu mă gândisem prea mult.

Acum aveam la ce să mă gândesc! La INGRID. Păstrez în minte imaginea ei de la ecografie, întinsă pe spate, așa, ca pe șezlong și zvâcul din piciorușele lungi de 3,5 centimetri.

Ingrid, mama și tata merg spre casă, fericiți.

Mama = o altă specie de om

Să fii mamă nu te pregatește nimeni!

Te documentezi, citești toate forumurile, te revolți de ce citești, te miri, îți place ce citești și spui că faci și tu așa când se naște, îți promiți că ei nu o să-i lipsească nimic.....din astea!

Te agiți rău de tot despre cum vei naște, cum va fi? Când va fi? Copilul va avea toate degețelele?...din astea!

Mănânci ce trebuie, te abții de la ce pofteai mai mult, că exact aia nu ai voie, dar stai și te abții, să fie bine copilului...din astea!

Toată nebunia asta înceteaza ca prin vis în momentul în care vezi copilul prima dată. Îți dai seama de cât de penibile au fost grijile tale, de cât de neînsemnate au fost! ACUM îl ții în brațe și nu știi ce să faci cu el. Îl pupi - asta știi, îl mângâi - știi și asta și zâmbești în neștire.......NU TE MAI SATURI!

Și după aia, ce faci? Ce naiba scria pe forumul ăla că trebuie să faci?

Nu mai ții minte nimic.

Nu te mai ajută nimic. Ești tu și copilul în fața vieții! A lui, că a ta încetează, tu ești pe modul supraviețurie din momentul de start al vieții lui.

NU găsești descrisă specia asta corect pe niciunde și de la alte mămici auzi numai încurajări de care începi să te temi.....de ce naiba mă încurajează toți? Ăștia știu ceva ce eu nu stiu.
Așa e, ei știu ceva ce tu nu știi și nu îți spun!

Pentru că nu stiu nici ei ce să îți spună altceva decât că o să fie bine.

Așa începe viața omului, în brațele celei mai iubitoare ființe din viața lui, care nu știe nimic.

Și totuși face TOTUL.

AUSLANDER, sau pe româneşte: "plecat din ţara lui"

Germania e acolo unde e, pe bună dreptate.

Oamenii ăştia au ceva ce noi ca popor nu avem. Încă nu ştiu exact ce, am ceva bănuieli, dar nu ştiu sigur.

Bănuiesc că au munca în sânge......noi NU

Bănuiesc că au munca de calitate în sânge....noi SIGUR nu

Bănuiesc că nu dau doi bani pe politică......noi DA

Bănuiesc că îşi văd de treaba lor şi de casa lor.....noi ne uităm la BIANCA

Bănuiesc că se îngrijesc la tinereţe de sănătatea lor...noi mâncăm margarină

Surprinzător, ei mănâncă orice! Dar orice! (vorbesc desigur de ei la modul general, că nu i-am cunoscut pe toţi cei 80 de milioane de nemţi). Dar aici vin două steluţe, ca pentru excepţie. Orice, dar puţin şi orice, dar fac sport. Şi de aia arată ca în filmele la care se uită românii. Acum 1 săptămână erau -4 grade şi era lapoviţă şi am văzut bărbaţi şi femei la jogging. La noi, mai bine mergi la o ciocolată caldă şi o prăjitură pe aşa vreme.

Am o bănuială că la ei e aşa de mulţi ani, adică la ei e obişnuinţă, nu e o chestie fashion, învăţată recent şi făcută cu silă, doar ca să fii în trend.

Da, mănâncă cârnaţi şi beau bere! Nu e clişeu, aşa e, pe bune, de la şeful mare până la lucrătorul la drumuri şi poduri, toţi mănâncă cârnaţi şi beau bere....la halbă.

Da, sunt zgârciţi, dar nici că pot face ceva mai bun pentru viaţa lor, decât să fie zgârciţi...poate sportul să îi ajute mai mult decât zgârcenia.

Eu, ca un român veritabil, stau şi încerc să fur "meserie" de la ei. Văd şi eu cum fac ei şi încerc şi eu dacă e ceva bun de copiat. Şi este de copiat...

Ei, ca nişte nemţi veritabili, se uită la mine puţin speriaţi când află că sunt român ca să nu le fur ceva, pentru că da, unii români fură...o ştim şi noi!

Bavaria e Oltenia noastră!

Bavaria e o Germanie în miniatură care bubuie, din punct de vedere economic.

La noi în cartier, la 7 şi 20 de minute dimineaţa, ca la un semnal, se deschid uşile de la casă, de la apartamente, de la garaj şi SE PLEACĂ...cum unde? la muncă! În fiecare zi, curaţi, îngrijiţi, fără moace cu urme de cerceaf pe faţă, spălaţi pe dinţi, pleacă la muncă. Poate nici nu ştiu să facă altceva şi poate ar mai fi dormit, dar pleacă!

Când am început munca la Sandoz, în Germania, am aplicat stilul hei-rup care mă caracterizează (prietenii ştiu deja). Munceam ca înecata, de parcă azi era ultima zi înainte de Apocalipsă.

În România înveţi că trebuie să te afirmi dacă vrei să evoluezi, să arăţi că ai putere de muncă. Abia dupa aia începi să fii apreciat.

Hei-rup făceam doar eu. Nemţii nu. Eram şi singura care mai avea "scăpări", mici greşeli, ne-esenţiale, care nu întârziau munca nimănui şi nu schimbau conţinutul a nimic. Eu puneam preţ pe conţinut, poate mai puţin pe formă.

Colegii mei m-au învăţat că Conţinutul fără Formă e degeaba şi că hei-rup-ul nu există în societatea lor. Există precizie matematică şi muncă susţinută, ca la maratonul de 40 de kilometri de la New-York, trebuie să ţii ritmul, că doar aşa ajungi la final. Dacă ai sprintat, ai clacat!

În Bavaria se vorbesc oficial vreo 8 dialecte. Nici ei nu se înţeleg om cu persoană, ăştia, cei din cele 8 dialecte. Iar bavareza e o limbă aparte de Germană. Un neamţ get-beget are dificultăţi reale în a înţelege bavareza.

Pentru mine era ca o Oltenie, numai că mai bogată.

Aici se vor aprinde nişte scântei printre cititori, dar nu mă dezmint, zic ce gândesc!

La cumpărături te duci cu coşuleţul, nu cu cartul, ca înecatul

Aici, mai rar vezi la supermarket carturi ticsite cu mâncare. Dacă vezi cart e probabil pentru că are coşuleţul la maşină sau ia bere la navetă şi e voluminoasă.

Coşuleţul e un coş cam cât erau coşurile din alimentara comunistă (poate vă mai aduceţi aminte). Mai modern, pentru generaţia tânără, îl pot compara cu un coş de picnic, cochet, cum are Mr Bean.

Mi-am luat şi eu, desigur! E surprinzător cum începi să cumperi mai puţin. Nu ştiu dacă şi mai des, că nu îi urmăresc ca detectivul pe ăştia cu coşul, cert e că per cumpărătură, au puţine produse. La raionul de legume şi fructe, tot anul găseşti scofeturi, chiar şi în cel mai de cartier Penny. Au coacăze (ieri am mâncat, costă 1,3 euro caserola), zmeură, nişte fructe ale căror denumire nu o cunosc...la legume e mai simpluţ, dar aprovizionat: cartof, roşie, castravete, ardei, salată verde de mai multe soiuri şi ceapă.

Cum s-au strâns mai mult de 3 oameni la coadă, se mai deschide o casă. Vine rapid unul care aşeza până atunci marfa în raft şi începe şi scanează coduri de bare. Când s-a eliberat coada, se întoarce la ce făcea. El face bine şi scanatul şi pusul de marfă pe raft.

Că doar e neamţ!

Şi nu bate produse de două ori şi nici nu blochează culoarul când pune marfa în raft.

Tot pentru că e neamţ!

Zăpada nemțească...

Ninge şi aici şi încă mult. Şi nu e zăpadă nemțească, educată, să cadă numai pe spații verzi şi pe şosea şi trotuar deloc! Cade şi ea ca în România, peste tot! Şi iarna e iarnă şi vara e vară.

Noi locuim în afara Munchen-ului, la vreo 60 de km de marele oraş, dar avem şi noi străzi circulate, ca la Munchen. Aici e mai munte, e mai frig şi ninge ca la munte.

Când se pleacă la 7 şi 20 la muncă, deja unul dintre vecini a dat zăpada de pe trepte, străduță, parcare, fără să îşi pună poza la panou. Şi mâine face alt vecin, dacă mai e zăpadă. Nu se planifică cu grafic, e legea bunul simț, primul sculat, primul la lopată.

Şi ca să fie treaba nemțească de tot, iau şi copiii cu ei (care sunt treziți şi care vor, evident) şi dau şi ăştia mici la lopețele.

Da, la magazinul de jucării există raion separat cu unelte pentru copii, funcționale, mai mici ca dimensiuni, dar nu la băşcălie făcute. Lopeți, greble mici, săpăligi mici, you name it!

Şi stau nemții mici lângă mă-sa sau ta-su, depinde şi dă cuminte la zăpadă, nu chiuie, nu zbiară, munceşte, face cărare pentru vecini.

Şi nu am auzit să îşi bage ceva vreunul în mama primarului.

Doar nu a nins primarul , a nins iarna!

Taxa de biserică și prosituția legalizată

Am fost siderată să aflu că în Germania există 400 de mii de persoane care lucrează ca și prostituate/-ați (bărbați și femei, nu știu proporția) cu carte de muncă.

Și în Germania, credeți-mă, te ustură rău taxele, ca o hârtie igienică din aia de pe vremea lui Ceaușescu, groasă și zgâriicioasă. Deci statul lor e mai deștept decât al nostru. Risc și aici să pierd cititori. Vă rog, fac apel la minte deschisă, gândiți-vă cum ar fi dacă ar fi!

Din păcate nu mai știu suma declarată ca fiind încasată de Stat din astfel de practici pe 2012. Oricum, mare de tot, cam cât bugetul alocat Ministerului Sănătații de la noi pe un an, cu tot cu rectificare. Păi da, ei este deștepți, de aia!

De dus, cui îi trebuie, se duce oricum. De ce să nu devină asta o vacă de muls (fără nicio conotație legată de subiect)? Bașca limitezi bolile cu transmitere sexuală, avorturile idioate și ții omul satisfăcut sexual, ceea ce îl face și mai apt de muncă. Nu fac poll pentru legalizarea prostituției, dar mă gândesc că ăstia știu să scoată bani și din piatră seacă. Statul lor nu ia salarii de pomană de la lume.

Și dacă tot te-a împins păcatul și ai cotizat la buget pe calea asta, te simți vinovat și te duci duminica la biserică, ca un catolic serios ce ești!

Aici plătești altă taxă...lunară...doar 100 de euro de familie. Nu pare mult, dar calculați voi câte familii a câte 100 de euro...cam cât vă dă? MULT, nu?

Taxa, trebuie să precizez, e obligatorie dacă te-ai declarat catolic.

În cazul ăsta m-aș lăsa de catolicism!

Aparent fără legătură, am demonstrat totuși cum cele două taxe sunt legate printr-un liant uman foarte puternic: VINOVĂȚIA.

Independența financiară poate da dependență

Probabil ați auzit deja de prea multe ori expresia asta, "independență financiară" și deja nu mai are sens, a devenit ca un cuvânt pe care îl spui de zeci de ori și își pierde sensul.

Un pic de utopie există în expresia asta pentru că dependent de bani ești by default dacă alegi să trăiești în orașe, la sate, convențional, cum explicam într-un post mai devreme. E puțin probabil să fii și agricultor, constructor, fermier, electrician, zugrav, croitor, pescar...etc, SIMULTAN. Deci ceva îți lipsește și trebuie să iei de la altcineva care are acel ceva. Merge și cu troc, e adevărat, dar la bloc trocul e poveste.

La bloc aproape cumperi și aer, așa ești de lipsit de orice posibilități de a produce ceva pentru tine, fără să îl cumperi. Dacă totuși ești inventiv, cumperi măcar materia primă.

Deci depindem de bani, trebuie să îi deținem ca să supraviețuim.

Să fii independent financiar nu înseamna să nu mai ai nevoie de bani, înseamnă doar că dacă mâine tu, din varii motive, nu poți să faci exact ce ai făcut și azi pentru bani, NU MORI DE FOAME. Nu înseamnă nici că ai venituri mari și ți-au rămas bani din salariu, când a venit leafa următoare. Ăla e doar exces, e bine, nu zic nu, dar nu e independență. Pentru că dacă nu mai faci ce făceai pentru bani 1 lună, 2, 7 luni.....se duce excesul și ești pe ZERO.

Păi și atunci ce înseamnă? Înseamnă să nu ridici un deget și să ai bani de pâine, de ciocolată, de bere...de ce îți trebuie ție.

Poate fi o moștenire, un câștig la loto, ce mai vreți voi.....mai căutați voi exemple.
DAR, toate aceste sume sunt finite, oricât de mari ar fi! Deci nici sursele astea nu garantează independența fianciară.

Acum probabil sunteți în ceață total. Vă zic că sunt surse de bani POTENȚIAL infinite. Astea îți aduc independența. Adicătelea, sunt metode prin care să ai bani permanent, gen, SACUL FĂRĂ FUND. A fost descris în povești, știu, dar el există.

Sacul meu fără fund, sau cel la care lucrez încă, se numeşte Fond de Investiţii.

Explic imediat: reţeta e simplă (de fapt sunt mai multe, eu o să vă scriu despre metoda asta, pe care o aplic eu, că alta, sincer, nu am aprofundat).

Se pleacă de la sfârşit către început, cu un calcul cât mai exact a TOT ce cheltuiţi într-o lună. Există variaţii lunare, ştiu, le lăsăm un pic afară din ecuaţie, că bănuiesc că nu e o problemă de supravieţurie dacă nu aveţi perechea de pantofi roşie, de catifea, cu toc de 11, că aveţi deja cu toc de 9 cm.

Deci se ia o foaie şi un pix şi retrograd, din luna precedentă, sau luna curentă dacă sunteţi din fire organizat şi ţineţi liste de cumpărături, şi se aşterne încet, sincer, TOT ce aţi cheltuit.
Trec şi guma de mestecat? DA. Trec şi banii daţi moşului cerşetor din colţ? DA. Trec şi banii de bobiţe pentru pisici amărâte maidaneze? DA.

Aţi prins ideea.

Vă dă o sumă, să zicem de amorul calculatului de 30 de milioane. A mea, înainte de Ingrid atât era, nu am rectificat-o încă. Probabil e mai mare acum.

Deci ne dă 30 de milioane.

Ăstia sunt banii care, dacă ar pica lunar din cer, fără să îi munciţi, v-ar aduce independenţa fianciară. Dacă i-aţi avea, la serviciu v-aţi mai duce de plăcere, de fumat cu colegii la o cafea, de omorât timpul.

Dacă facem reţeta mea, cu fondul de investiţii, consideraţi la suma investită o dobândă anuală efectivă de 8 %. Pe an calendaristic, aşadar, v-ar trebui 30 de milioane înmulţit cu 12 luni = 360 de milioane! (aşa de mult mâncăm?...eu, da!)

Acum calculăm anapoda suma care ar genera un profit anual de 360 de milioane, cu o dobândă de 8%. Empriric, ar fi o sumă cam de 10 ori mai mare, deci 3 miliarde şi 600 de milioane (puţin mai puţin chiar).

Doamne fereşte, ce sume! De unde să am eu atâţia bani? Păi din salariu, ca furnica, îi faci cu picăturica. Sau din alte surse, chirii, drepturi de autor, CD-uri de muzică vândute, nunți, botezuri, filmări nunți...românul e inventiv!

Sună fantasmagoric, dar o dată ce stabilești un scop, vine și puterea să atingi scopul. Spui așa, la venitul meu actual aș putea pune deoparte x lei lunar, care mi-ar permite să strâng suma asta în x ani!

Ei, x anii ăia, sunt anii cât trebuie să mai tragi până când te poți "pensiona". Bag mâna în foc că iese la toți înainte de vârsta legală de pensionare actuală!

Deci independența asta poate exista și te ajută să nu fii în situația în care să mai trăiești încă o săptămână după ce te-ai pensionat "de vârstă" și apoi să fii înger! Aici am vorbit tot din cărțile citite, dar eu sunt exemplu concret că se poate. Ca să vedeți că sunt sigură că e așa, mai am cam 7 ani până la momentul x.

Deci la 40 de ani poate fi momentul meu x de abandon (dacă doresc) a Titanicului (adică jobul).

Pentru mine sună bine, am vise mari pentru viața de după 40 de ani.

Păi şi merită "chinul" ăsta?....am primit des întrebarea asta

Chin e dacă vrei tu să fie chin, adică nu trebuie să fie chin şi nu trebuie să îţi lipsească nimic până acolo. NU asta promovez, viaţa de aztec care mănâncă urzici până când devine tot verde...dar e independedent financiar.

DAR...exsită multe nuanţe. Să luăm exemplu de făcut "piaţa" săptămânală Carrefour-ul (nu am nici un interes să le fac reclamă, e doar un exemplu). La Carrefour se face că dacă te trecea pipi înainte să intri în magazin şi nu te-ai dus, rişti să ai un accident până ajungi la case....aşa e de mare! Păi are de toate şi din fiecare de toate, câteva sortimente.

Exemplu concret: făina albă...au şi de 2 lei şi de 5 lei şi de 10 lei, bio.

Eu nu zic să iei marca numărul 1 toată viaţa ta, dar sincer, crezi că tu simţi diferenţa sesizabilă între făina de 2 lei şi cea de 5? Ok, atunci ia-o pe aia de 5 lei. Dar aia bio, pot să iau bio, că e sanatos? Desigur că poţi, poţi să iei ce vrei tu. Cu bio o să fii un proaspăt pensionar de 65 de ani, mumificat frumos. Exagerez, doar de amorul conversaţiei. Puteţi face cum vreţi voi, eu doar spun că sigur nu muriţi prematur dacă aţi mâncat făina de 5 lei şi nu din aia bio.

E chin doar dacă îţi bagi tu în cap că e chin! Nu te chinuie nimeni, poate doar şeful pe la serviciu, nevasta pe acasă sau vreun vecin isteric de bloc. Şi până la urmă, nu e bine să fim chiar toţi independenţi financiar, să mai cotizeze cineva şi la bugetul de stat, până la adânci bătrâneţi.

Păi şi mie de ce nu mi-a zis nimeni de aşa ceva până acum?

Pentru că nu te vrea nimeni independent....de nici un fel, nu numai financiar. Cu cât eşti mai dependent, cu atât mai bine....numai pentru tine nu e bine.

Chinul meu constă în următorul fapt. Când mă duc la cumpărături, mă uit şi eu după oferte. Sună a clişeu rău de tot, sau americăneşte, cu cupoane, ştiu, ştiu...şi ce? Aşa funcţionează în cazul meu.

Oferta bate filmul și mă aduce mai aproape de scopul meu și de visele mele.

NU am făcut o obsesie din oferte, cum iarăși, mi s-a mai spus! Ofertele îmi plac dacă există, dacă nu, cumpăr de care o fi...bio nu prea!

Eu aleg să mă simt bine, că doar o viață am!...Și eu tot de aia!

Asta, cu trăiește clipa și simte-te bine, are multă logică când ești mai adolescent. E sănătos să riști, să faci ce visezi, să nu fii cerebral tot timpul. La mine toate astea sunt frumoase și de acceptat până la bani. Aici nu poți să îți bați joc.

E o reclama acum pe TV la nemți care spune exact ce vreau și eu să exprim: e un nene, la vreo 50 de ani, care e cascador și filmează scene (el fiind actorul principal) care mai de care mai periculoase. Filmul e gen Western, el sare pe cal din mers, intră cu calul în bar, se aruncă de pe acoperiș...orice îi sugerează regizorul, el face, spune: "Ja!" La finalul reclamei, regizorul îi dă o bancnotă să aprindă țigara cu ea, haiducește...și el replică: "nu, cu banii nu te joci!"

Nimic mai adevărat! Banii nu trebuie luați la mișto, înjurați, nu trebuie să râdeți de ei sau de lipsa lor. Trebuie să fiți cinstiți cu voi când vorbiți despre bani și mai ales să nu vă fie rușine de subiect.

Dacă, de exemplu, vă cade pe jos o monedă de 50 de bani, nu vă fie rușine să o luați de jos! E a voastră, sunt banii voștri, probabil ați muncit pentru ea câteva minute din viața voastră. Dacă nu o luați voi, o iau eu, în urma voastră! În România, aveam un noroc fantastic la găsit bani pe jos.....diverse sume...mai mari mai mici....monede de cele mai multe ori...monede mici, monede mari.......dar găseam des, poate zilnic, în locații din cele mai diverse. Îmi formasem un ochi, stăteam de vorbă mergând pe stradă, cu cineva și brusc, parcă mă striga, vedeam o monedă pe trotuar. M-am aplecat și le-am luat pe toate, fără exceptie. Consider că îmi erau destinate.

Oamenilor nu le pasă de bani (sau aşa zic ei) că doar nu ei te fac fericit!

Nimic mai adevărat! Dar dacă ţie nu îţi pasă de ei, nici lor nu o să le pese de tine. O să intre în portofel şi o să iasă ca trenurile în Gara de Nord şi te trezeşti că ai avut o viaţă bună, ai mâncat doar bio şi totuşi mori sărac. Tu ca tu, dar cel mai important e că din păcate rişti să nu le laşi nimic copiilor.

Mie de aia mi-e cel mai frică! Şi eu aleg să mă simt bine, dar aleg să ştiu ce fac cu banii tot pentru că O VIAŢĂ AM!

Ghid practic de strâns cureaua

Păi cureaua, dacă o iei potrivită de la început, nu o mai strângi! Şi nu mai eşti nici frustrat că trebuie să o strângi. E numai bună.

Dragi cititori, am auzit multe scuze la viaţa mea legate de strânsul curelei, toate încep cu "nu pot!" şi continuă cu "pentru că".......şi aici e o listă abundentă. De cele mai multe ori sunt aduşi în discuţie copiii, părinţii, bunicii, căţeii, casa, maşina, concediul anual obligatoriu în afara ţării, pantofii business din piele, manechiura impecabilă, vopsitul părului...şamd.

Ba poţi, dar nu vrei! Să strângi cureaua e simplu, o desfaci, îi mai dai o gaură (dacă nu deja o are) şi o strângi la una mai mică. Lăsând metafora deoparte, nu e greu! Imaginează-ţi că şi dacă ai unghiile făcute şi dacă nu le ai, trăieşti. Şi dacă nu ai luat blugi originali, trăieşti.

Poate trăieşti mai ruşinat acum, dar ai încredere în ce spun, mai bine dai ruşinea de acum pe binele de mai târziu. Tu crezi că un om care te cunoaşte într-o zi în care nu ai unghiile făcute, te judecă, spunând: "ia uite, asta nu are unghiile făcute!"? Mă îndoiesc.

Asta e imaginea ta despre tine din capul tău. Încetează să mai crezi că altul are aşteptări de la tine aşa de mari. Ălora din jur le pasă de tine mai puţin decât crezi! Păi şi ţie de ce îţi pasă aşa de mult, să îţi cheltuieşti ultimul bănuţ pe o cremă "bună" de faţă? Nu merită!

Marketing-ul e totul şi ascunde în spatele lui preţul. Păstrează mintea trează când mergi la cumpărături. Există 'nşpe mii de creme de faţă, ia şi tu una rezonabilă, nu da jumate de salariu pe un borcănel de 15 ml! Orice lucru are o valoare intrinsecă.

Unele lucruri nu fac banii ceruţi pe ele. Decât dacă ţie îţi pasă atât de mult încât să munceşti o viaţă doar ca să arăţi bine şi să mănânci scofeturi.

Contează şi lucrurile astea, da, mai ales când ai de apărat o imagine publică, din care scoţi bani, gen manechin, vedetă TV, cântăreaţă. Restul e can-can!

Încearcă un experiment şi începând de mâine ia-ţi numai curele de imitaţie de piele. Ia vezi, observă cineva?

În Germania, dacă ești câine, nu găsești cazare!

Doamna de la la agenția de relocare cauta asiduu (așa mințea ea) o locuință pentru noi 3 și cei 2 căței care așteptau cuminți acasă o telegramă cu: "găsit curte. stop. venim după voi. stop."
Și telegrama nu mai venea....

Doamna cu agenția avea și ea o dorință, alta decât a noastră, să ia comision cât mai mare de la firma mea. Pentru asta îi trebuia un apartament cu chirie mare. Făcuse o poveste (nu era total neadevărată) că în Munchen găsești garsoniere de la 800 de euro în sus per lună. De 2 camere nu spunea nimic, ne lăsa pe noi singuri să ne înspăimântăm "îți dai seama cât ar fi două camere?". Și apoi tot ea continua: care să accepte și câini, e de-a dreptul imposibil de găsit.

Și trec cam 6 săptămâni, timp în care făcusem o singură vizionare a unei cabane de munte. Ea era cochetă, dar doar atât, de fapt era foarte scumpă și cochetă. Ne accepta cu câini, că nu aveau pe cine să deranjeze în pustietatea aia, clar!

Zicem pas și doamna se enervează, că ea nu mai înțelege ce vrem, că uite cât a tras și muncit ea.....bla, bla....îi zicem și ei pas! Ne căutăm singuri.

Google să trăiască, ca de obicei și bafta mea, din nou, ca de obicei. Găsim pe ăsta în care stăm acum, cu câine acceptat.

Ca să fii sigur că acceptă câine, trebuie să întrebi explicit, că ei în anunț trec doar "animal de companie este permis". Nu mă puteam gândi că un câine nu e considerat animal de companie. Pisica, da, era, crocodil era permis, ponei da, armadillo da.....ăstia toți puteau fi animale de companie. Câinele nu.

Cățeii noștri însă, aveau noroc, își făceau mutație în Germania în numai 2 săptămâni. Și aveau și asigurare de 3 milioane de euro amândouă (care e obligatorie) și aveau și cip la gât și acum puteau să facă SÎC! câinilor din curțile vecine.

Din ilfovence se făceau BAVAREZE! Ele înca nu știau.

Am uitat să vă spun: doamna a încasat comision mare cât coada lui Dulfa! Exact așa a fost....doar venisem în Germania să strângem bani, nu să plătim cucoane mincinoase!

Meseria e brățară de aur în Germania....mai mult pentru Bugetul de Stat

În Germania mai există în zilele noastre încă această raritate: școala de meserii. Și există cu succes, tinerii aleg calea asta pentru că dacă ești meseriaș, în Germania ai de lucru mereu. Și nu e rău să ai salariu la 16 ani, când începi ucenicia.

Au de făcut 3 săptămâni de practică și 2 de terorie și le tot alternează. Sunt plătiți de firma la care fac ucenicia fix...300 de euro pe lună (din fericire net, nu îi mai impoziteaza și pe ăstia). Fabulos! Nu știu câți români ar accepta asta.

Să nu uit: muncesc în alea 3 săptămâni full-time, cot la cot cu seniorii, fără să schiaune vreunul. Pe ăia 300 de euro.

Încă o dată, în țara asta se pare că se fac treburi cu cap! Ca să nu fie vai de picioare.

Impozitul este personalizat, ca invitația la nuntă

Când te angajezi în Germania, să ai grijă la discuția despre salariu la partea cu net-ul. Că se discută doar brutul la interviu (da, o să spuneți, așa e și la noi). Și nu poți să faci tu calculul cu regula de trei simplu, ca să afli net-ul.

Există 5 clase de impozitare diferite, în care ești băgat puțin cam automat, în funcție de venit și de niște alți factori, cum ar: ai copil (1 sau 2 sau 3, contează), ai nevastă, are nevasta job la rândul ei, are ea salariul mai mare sau mic decât al tău......o complicăciune.

Cert e că plătești taxe mari. E o singură clasă mai răsărită, dar trebuie să ai venit mare ca să te simți bine că ai intrat în ea. Dar taxa mare în Germania nu te doare la suflet ca în România, că din ea se fac celebrele autostrăzi (da, mai fac încă, ca înecații), amenajări de spații verzi care arată mai bine decât unele private, punerea la dispoziție de pungi de strâns caca de câine de pe jos + tomberon special de aruncat punguța după folosire.

Mai au ceva diferit. Faci declarație de venit anuală, chiar dacă ești numai salariat. La noi nu știu să se facă, cred că nu e obligatorie, mă corectați vă rog, dacă știți altfel. O depui până în martie anul viitor. Dacă ai contabil, te păsuiesc până la final de an, ca să mai dea de lucru și la categoria asta de oameni.

Și plătești tot anul, nu comentezi. Dar după ce ai făcut declarația și ai trimis-o, vine felicitarea în poștă: se returnează banii plătiți - parte din ei - fix ca la firme, în România. Numai că aici e pe bune și e o sumă frumușică.

Așteptăm și noi o felicitare în următoarele luni, sper să ne surprindă plăcut.

Şi ia zi, e de lucru? Da, dar nu pentru Români!

E mult de lucru în Germania, la firme mici în general. Salariile nu sunt extraordinare, dar trăieşti bine cu ele. Dacă câştigă şi soţul şi soţia salarii, e trai pe vătrai.

Angajatorul caută bine până găseşte, nu se grăbeşte şi e pretenţios. În general vrea foarte multă experienţă într-un domeniu extrem de limitat. Ca să vă dau un exemplu, o brutărie caută împletitor de covrigi cu mac cu 10 ani de experienţă dovedită. Bună ziua, am împletit şi cu susan 5 ani! Nichts! Nu se pune, nu te încadrezi! Aşa pot fi de stricţi.

Bine, bine şi câţi covrigari din ăştia sunt în Germania, adică găsesc oameni până la urmă? Păi da, că au şcoli de meserie de împletitor de covrigi de mac. Şi ăia sunt în muncă de la 16 ani şi când caută job, la 26, au făcut experienţa cerută.

La noi e fix pe dos.

Pe unii e posibil să vă irite antitezele astea, dar ele sunt doar explicaţia pentru care din România văd doar zăpadă pe Facebook şi din Germania văd oameni la ski.

La noi, cu cât ai CV-ul mai stufos, cu atât eşti mai valoros, eşti din ăla, ştie-să-facă-tot. Şi eşti bucuros că la 30 de ani ai lucrat de toate şi în domenii variate.

Aici poţi să îţi iei CV-ul cel stufos şi să strângi caca de câine cu el (dacă ai rămas fără pungi). Iar dacă ai scris la cetăţenie Român, poţi să te apuci să strângi caca chiar şi cu mâna goală. Poate doar aşa să începi să faci un ban.

Desigur, e poate prea plastic, dar cert e că mai bine minţi că eşti Spaniol, Italian, decât să zici că eşti Român. La noi, pe strada pe care stăm, cu ceva timp înainte să ne mutăm noi aici, într-o singură seară au dispărut TOATE bicicletele vecinilor (vorbim de 30 de case, nu ştiu câte biciclete). Bicicletele erau în curţile oamenilor, nelegate.

Dubiţa era albă şi avea număr de România. Şi uite aşa apare antiteza, ea există de mult, nu e inventată de mine.

Într-o familie, "ăla mic" e ca Bear Grylls

Când într-o familie sunt mai mult de un copil, ăla mai mic inevitabil e ca Bear Grylls.

Eu sunt aia mică şi aşa cred că o să rămân pentru ai mei mereu.

Cu primul copil eşti excesiv de grijuliu, sufli şi în iaurt, la propriu, să îl încălzeşti. Cu ăla mic însă, treaba e altfel....eşti mult mai relaxat, ca părinte.

Se naşte astfel o mentalitate de supravieţuitor, încă din faşă.

Fratele sau sora cea mare îl chinuie ori de câte ori are ocazia, profită de pe urma lui când vine vorba de găsit un ţap ispăşitor. Îl atrage în toate belele în care intra şi el, ăla mare şi împart bătaia, deşi cel mic nu este vinovat. Bine, e vinovat că a acceptat să fie păcălit de cel mare, dar nu e ca şi cum avea de ales.

Îmi aduc aminte şi acum că aveam o riglă din aia, cu o imagine 3D, pe care o înclinai puţin în faţă şi spate şi aveai două imagini diferite...chinezărie.

Era a noastră, a copiilor. Trebuia să o împărţim....yeah, right. O împărţeam numai când vroia sora-mea şi trebuia să fac neapărat un favor la schimb ca să o "merit".

Viaţa copilului cel mic e grea. Dar are un avantaj, îl căleşte. El e luptătorul. Atâta doar că nu prea e băgat în seamă prea des. Şi nici nu prea e ascultat, că deh, ce ştie el, e prea mic!

Se naşte în el o dorinţă de a răsturna munţii, ca să le arate lor! Forţa asta, dacă nu e canalizată cum trebuie, poate fi şi destructivă. Poate împinge pe ăla mic în necazuri mari.

Din fericire am rezistat tentaţiei de a mă apuca de nebunii, am arătat numai că pot să învăţ bine, să iau note bune, să intru la facultate, să o termin.....şamd. Vorba lui Lucian, eu eram aia din grupul de cuminţi. Tânjeam şi eu să fac câte o nefăcută...dar frica de pedeapsă era mai puternică.

Bătăile cu soră-mea au fost, până la o vârstă, pierdute din start, avea cu 5 ani mai mult.

Apoi m-am lungit ca o spagheată şi m-am fortificat. Eram sprintenă, mă răpunea greu.

Apoi soră-mea a plecat la Facultate și s-a făcut un gol în dormitor pe care nici azi nu l-am mai umplut.

Egoismul e boala sărăciei

Să fii egoist e o boală, după părerea mea. Să fii egoist înseamnă să nu te gândești la nimeni în afară de tine. Unii oameni se nasc egoiști și egoiști mor, nu îi schimbă nimeni și nimic. Am tot stat și m-am gândit și nu cred că există leac pentru asta.

Dacă egoistul mai e și sărac, ai o combinație barbară, poți să leșini lânga el de sete și el bea în fața ta limonadă fără să i se clintească un fir de păr. Bănuiesc că dacă egoistul ar fi puțin mai înstărit, s-ar uita măcar în jos, la ăla mort de sete și măcar nu ar mai șterge picătura care îi cade de pe pahar, ar lăsa-o să cadă lângă setos.

Dar ăsta e apogeul dărniciei pentru un egoist. Sărăcia, în sinea ei, e starea în care singurul lui scop în viață este să mănânce. Atât!

Mintea săracului nu procesează decât două operațiuni: mestecat și eliminat. Din când în când, când are ceva fasole în burtă, săracul se revoltă. Pe cine? Pe cine e la modă atunci, că tot vin valuri de revolte naționale. Nu poți să faci singur protest la Universitate legat de acciza la petrol, dacă restul de 50 de protestatari scandează "salvați Roșia Montană".

Săracului îi lipsește gândirea proprie, el merge alături de o turmă gata formată. Nu știe unde, dar ce contează? Poate la protest se dă un ceai cald și un covrig.

Să fii sărac e păcat! Sărac nu ești atunci când nu ai nimic, aia se cheamă că ești falit, terminat, sinistrat, refugiat...sunt alte situații și toate au caracter temporar. Sărac ești doar atunci când prioritatea ta în viață e mâncarea și mai ales îți tot repeți că ești sărac.

Săracul va vota întotdeauna cu ăla care promite cârnați. Și dacă tot e sărac, ar fi culmea să fie darnic! Egoistul înfulecă repede tot, singur, că nu se știe când mai prinde. Mi-e milă de oamenii săraci, dar egoismul oamenilor mă frige la suflet!

Rock-ul, dragostea mea, a început "la pietre", în Brăila

Mi-am pus în fundal o melodie, Chris Rea - "Road to Hell". Am nevoie de o regresie în trecut. În trecutul meu de rocker tânăr, plin de vise, cu o brătară de piele lată la mână. Părul îl am nici lung, nici scurt, e desfăcut și port un tricou cu Nirvana. Mă așez pe "piatră", locul de întâlnire al rock-erilor mici din Brăila. Ăia mari mergeau în alte părți. Nu ne țineam după ei. Nu că nu am fi vrut, nu ne dădeau voie. Tânjeam să vedem ce mai ascultă ei, ce mai vorbesc.

Un rocker gândește despre viață sănătos, ritmat și optimist, chiar dacă e îmbrăcat în negru din cap până în picioare.

Când face baie, nu se dezbracă de caracter și bea cafea excesiv de mult. De cele mai multe ori fumează.

Asta mă scotea un pic din linie, nu fumam, dar adoram mirosul de tutun uscat, băgam nasul în câte un pachet de țigări. Prietenii îmi spuneau că mai bine trag un fum decât să adulmec pachetele. Nu am vrut dintr-un singur motiv: că o să îmi placă. Și dacă mi-ar fi plăcut, nu mă puteam lăsa.

Cel mai greu lucru în viață cred că e să te lași de ce îți place. De rock nu m-am lăsat niciodată, dar acum îl ascult în cască și îl ascult singură, nu în gașcă. E foarte diferit, dar acum sunt o mamă rocker și asta implică o anumită ținută și freză.

Ingrid a învățat recent să dea din cap când ascultă muzică. Sufletul ei cântă rock și cred că va avea o viață ritmată.

De motocilcetă ne-am ocupat deja. Mai rămâne de cumpărat o cască mică.

Fiți buni și geniali ca BONO

U2 este o formație de mare inspirație spirituală pentru mine. Le ador muzica și BONO mă face să sper că într-o zi voi putea fi bună și genială, ca el.

Să fii generos este ultimul nivel de înălțare spirituală, înainte de a-l întâlni pe Dumnezeu față în față. Să îți pese de oamenii pe care nu îi cunoşti, dar a căror suferinţă o înţelegi şi te doare şi pe tine, e un lucru rar.....

Mă tot întreb cum o fi să cânţi pentru mii de oameni, care cântă la rândul lor cu tine şi se uită numai la tine. Trebuie să fie extraordinar. Omul ăsta ştie să ia toată energia pozitivă de la oamenii care îl iubesc şi să o dea, pură, mai departe. Nu ţine nimic pentru el.

În lumea asta e mare nevoie de dragoste. E nevoie de dragoste mai mult decât e nevoie de bani. Puţini sunt oamenii care au exces de dragoste. Cei mai mulţi au câte un grăunte, alţii deloc. Poate că pentru a avea dragoste, mai întâi trebuie să dai şi apoi să o primeşti înapoi.

Şi nu te îmbolnăveşti nici de egoism în felul ăsta.

Cum îți spune Dumnezeu că te iubește?......îți dă un copil

Noi am primit. Cu inima deschisă. Am cerut și am primit. Nici nu am știut ce am cerut până când nu am primit.

Este ora 8 fix, 15 februarie 2013, zi de vineri. Plecăm de acasă ca să fim la spital la ora 9. Îmi pun pentru ultima oară, cu greu, salopeta de blugi, mă încalță Cip la bocanci, cum o face de 3 săptămâni încoace. Sunt suspendată în așteptare, deși respir, mișc, vorbesc cu Cip. Tot nu reusesc să mi-o imaginez.

Și mai grav, nu am nici cea mai vagă urmă de instinct matern. Când vine? Ar fi trebuit să vină? Cip are sclipirea în ochi. Zâmbește.

Merg fără centură, nu pot să o mai închid.

Mă așez cuminte pe masa de operație. Anestezia nici nu am simțit-o. Începe să urce dinspre tălpi spre genunchi o căldură plăcută. În 3 minute sunt jumătate de om. De la buric în jos nu mai am simțire. În mâna dreaptă am mâna lui Cip, caldă și mare. Trec câteva minute și simt ceva cald, moale, greu pe piept. Mă apasă tare, abia respir. E EA!

Apoi o aud, e cel mai pur țipăt pe care l-am auzit în viața mea. Doctorul o ține de la sub-braț și de cap, îi ajunge lui până la buric. Ne-o arată și zice că are personalitate puternică. Cip se pierde și vrea să o ia în brațe. Mai trec câteva minute și o primesc în brațe. E caldă, ca o pâinică scoasă din cuptor și e grea.

Respiră sacadat și scoate câte un mic scâncet cu fiecare respirație. O pup pe năsuc și tot ce pot să gândesc este că este superbă! În urechi am numai lacrimi scurse.

Dumnezeu ne iubește și ne dă un copil! Noi îl primim.

De "rumegat": Ce avem în viață este adus de mintea noastră

Tot, dar absolut tot ce avem în viața noastră (fericire, tristețe, sentimente de tot felul) sunt atrase cu mintea noastră.

Mintea umană e o forță incredibilă. Din păcate aflăm lucrul ăsta prea tarziu, sau niciodată.

Este o idee foarte INDIGESTĂ, care trebuie rumegată mult, ca pe tutun.

E greu să accepți că să fii fericit înseamnă doar să faci ca Samantha din ochi și ai fericire. E și mai greu să accepți că nefericirea ți-ai cauzat-o singur. Nefiind un masochist.

Cine trece podul ăsta dincolo, descoperă o altă lume. Cine rămâne pe mal, neîncrezător și refuză să facă primul pas, rămâne să se uite cu jind la cei "treziți". Și curajoși, că au trecut podul.

Nu o să fac discuția prea complexă, o să încerc să o simplific cât de mult se poate ca să rămâneți conectați și să nu închideți pagina blogului meu confuzați total. La final, cine va înțelege și va accepta ca fiind justă explicația, va fi făcut primul pas pe pod.

Și asta va face toată diferența!

Scurtă definiție a fericirii

Toată lumea spune că fericirea e importantă. Și toată lumea o caută. Puțini o găsesc și atunci subiectul devine unul stânjenitor.

Spui că da, ești fericit, mai mult ca să nu fii judecat ca fiind nemulțumit cu ce ai.

Fericirea și ce ai, nu au nicio legatură una cu alta. Dacă ești fericit pentru că ai ceva, înseamnă că nu ai găsit încă fericirea. Aia e mulțumire, e altă mâncare de pește.

Când ai dat peste fericire, știi sigur cum se simte.

Nu, nu e nici exaltarea nebună pe care o simți când ești cu prietenii la pub și faceți Karaoke pe melodia de la Vama - "vara asta am să mă îndrăgostesc! ". Nu e nici starea aia euforică de când faci sex. Nu e nici amețeala plăcută de după un pahar de vin și sigur nu e nici bucuria că ai găsit rochia preferată la ofertă.

Oamenii folosesc expresia asta "sunt fericit!" prea des și prea fără noimă. Și apoi brusc, de atâtea repetări, nu mai are sens. Oricum, au citit și ei că de fapt fericirea nu există.

O să vă dezamăgesc, dar da, nici eu nu cred că fericirea există.

Cred că fericirea e o călătorie către fericire. Nu există un end point. E plăcerea călătoriei și nu destinația în sine.

Păi și merită să o mai cauți? Păi fără să purcedem în călătoria asta, nu o să aflăm niciodată.

Așa că să lăsăm mintea umană să își facă treaba ei instinctivă și să o lăsăm să găsească drumul ăsta și să ne pună la drum.

Nu luați aparatul foto, că pozele nu sunt permise.

Rămâi cu ce ai strâns în suflet...și o să fie destul!

Drumul fericirii trebuie construit live.

Până când nu ești fericit de unul singur, nu poți fi fericit în doi.

Nimic mai adevărat! Ca și cu Lumina, cred că pe calea asta mergi singur.

Drumul nu există de dinainte, trebuie să îl faci tu, acum, cu mintea și mâinile tale. Îl faci exact cum îți place, nu există o singură modalitate de a-l face. Fiecare cum îl taie capul....că doar e drumul lui.

Drumul fericirii o să îți scoată în cale oameni alături de care o să te simți bine. Poate se va intersecta cu drumul fericirii altor oameni (ai fi norocos să fie așa).

Cert e că nimeni nu îți poate spune de dinainte cum va fi. Și mai ales, nu poate merge nimeni altcineva cu tine.

Ești din nou singur.

O fi calea către Lumină aceeași cu calea fericirii?

Dumnezeu mai știe!

Mi-aș dori să îmi permit o prelungire...de fericire

Mâine dimineață fac ceva ce trebuie și ceva ce urăsc....pentru că nu am de ales.

O duc pe Ingrid la creșă, e prima zi.

Pe 15 februarie împlinește un an. Îmi imaginam că va fi mai mare la vârsta asta, dar în ochii mei, e încă mică.

Banii mi-ar cumpăra fericirea acum.

Nu aș fi nevoită să mă întorc la serviciu, aș sta cu ea.

Mă tot încurajez că peste 7 ani stau cu ea cât vreau...

Dar ea are 1 an doar în 2014, ea are nevoie de mine acum.

Fericirea voastră cât costă?

Păcatul iubirii...de mamă

Când ești mamă, poți să faci două lucruri pentru copilul tău care îl fac, garantat un adult normal. Să îl iubești mereu și să îl lauzi la nevoie.

Atât!

Atât?

Da.

Păi și există mame care nu fac asta?

Din păcate, da. Nu o să îi public numele, pentru că e o persoană cunoscută. Dar îi cunosc povestea. Iat-o!

Avea deja un copil, de 5 ani, pe care și-l dorise. Făcea tot ce putea pentru el. Într-o zi, copilul i-a cerut o surioară...și de dragul celui mare, i-a făcut pe plac. Al doilea era un copil normal, cuminte. Ea însă, picase în păcatul iubirii de mamă.

Poate îl iubea, nu știu, ea zicea că da.

De lăudat, îl lăuda doar prin comparație, nu pentru ce era el.

Avea o explicație: avusese la rândul ei o viață grea, lipsită de iubire.

Așa o fi fost!

Cel mic crescuse, dar se uita mereu în urmă, să găsească aprobarea ei. Nu o găsea.

Nici ea nu-l mai găsea pe copil.

Feriți-vă de păcatul neiubirii, fiți fericite, pentru a vă iubi copiii!

Albina şi pantalonii de polen

Mi-e dor să stau chircită în iarbă, rezemată de gard şi să le privesc!

Sunt fascinante. Sunt perfecte şi nu au evoluat de mii de ani, pentru că nu au nevoie, sunt perfecte aşa cum sunt.

Am învăţat de la Cip foarte multe despre albine. Pot fi urmate ca şi exemplu de organizare într-o familie, într-o comunitate, într-o ţară.

Oamenii, de obicei, când aud de albine, se sperie, frica de înţepătură îi opreşte să mai fie curioşi să afle şi altceva despre albină.

Noi am început cu 2 stupi în luna mai 2012 şi în august făcusem 5 deja. Am calculat chiar şi în cât timp aş fi ajuns la independenţa mea financiară din stupi...pe la 70 de bucăţi. Pare mult, dar în vreo 4-5 ani era realizabil. Când am adus cei doi stupi în curte, am creat panică printre vecini....cum să ţii stupii în curte? I-am ţinut, după toate normele legale în curte şi nu am auzit să fi fost înţepat vreunul din sat. Am fost înţepaţi doar noi doi, cei care umblam la ele.

Oamenii sunt uneori mai slabi decât o albină. Se blochează! Spun că nu au soluţii! Că nu ştiu ce să facă! Şi atât, nu încearcă nimic. Spun şi atât, se opresc resemnaţi!

Apicultorii au nevoie să recolteze polenul pentru produse derivate, sau chiar au nevoie de polen pur. Albinele nu culeg în mod special polenul, ele caută nectarul florii. De polen se prăfuiesc pe corp (este un praf galben) pentru că sunt acoperite cu perişori. Când au terminat de cules nectarul, încep să perie cu picioruşele polenul şi îl depozitează în nişte buzunare de pe picioarele posterioare. Sunt aşa, ca formă, ca nişte teci de revolver de cowboy. Acolo îndeasă polenul şi îl duc în stup, că le trebuie şi lor.

Apicultorul e profitor şi se gândeşte la o soluţie: pune la intrarea în stup o sită prin care albina, când trece cu ambele picioruşe, se descarcă polenul strâns în buzunare. Ea nu suferă în niciun fel. Pierde doar polenul muncit.

Într-un timp extrem de scurt învață că dacă bagă picioarele pe rând prin orificiul sitei respective, nu mai pierde agoniseala. Eu nu am văzut exact cum pășesc ele pe rând, că noi nu am fost profitori, le-am lăsat pe ele să își folosească polenul.

Oare le-o fi așa greu și oamenilor să fie inventivi când alții vor să le fure agoniseala?

Poate ar merge un business de vândut pantaloni din ăștia de polen, că inteligența de albină nu se caută.

Yoga cu roşii şi ceapă

Când eram în clasa a 11-a m-am înscris la un curs de Yoga. Nu am mers mai mult decât de 3 ori, pentru că nu înţelegeam cum pot să mă concentrez să fac ceva, orice (mai ales medidaţie) într-o sală cu 15 oameni.

În vara primului an de stat la casă am ales sa fac yoga cu roşii şi ceapă verde.

Am cumpărat seminţe de roşii, am luat turbă de la Hornbach, gata formată pentru făcut răsad şi le-am udat periodic. În 3 săptămâni aveam nişte plăntuţe mici, dar zdravene de roşii. Am cumpărat ceapă mică (aşa îi zic eu) din care iese ceapa verde şi prin aprilie am purces la desfundat pământul, făcut straturi şi cărare printre ele.

Să scobeşti pământul singur, tu cu mâna ta şi să aşezi acolo tot singur răsadul, este un moment de relaxare totală.

Toată acţiunea ta are în acel moment un singur scop: plantarea. Nu te mai gândeşti năvalnic la toate grijile, cum o fi când o fi planta mare, dar o să aibă destul rod, or să se strice?...bla-bla-bla.

Pentru câteva minute, îţi tace gândul şi îţi vezi de yoga ta cu roşii şi ceapă.

Creşa, sperietoarea de mame

Ajungem cu 5 minute înainte de ora maximă la care puteam aduce fata la creşă. O dezbrac de hăinuţele de afară şi o încalţ cu opincuţele din piele, cu bufniţă, nou comandate pe Amazon. Îi plac, trage de ele în disperare. E cuminte şi curioasă în acelaşi timp. În urmă cu 2 săptămâni am mai fost pentru 3 ore la creşă, ca la un fel de zi de probă. Părea că îi place.

La 11 luni şi jumătate e greu să ţii minte ceva, timp de 2 săptămâni, deci mă aşteptam să o luăm de la capăt. Surprinzător, pare să îşi aducă aminte locul. Ne alăturăm copiilor în camera de joacă şi dau să o aşez pe pernuţă. E bucuroasă că o recunoaşte şi pe asta, bate cu pălmuţele în ea. De stat pe pernă, nu stă, ca de obicei refuză să stea oriunde o pui. Ştie ea un loc mai bun.

Copiii ceilalţi au vârste de la 11 luni jumate (Ingrid) până la 3 ani. Sunt 12 copii şi 4 educatoare. Toţi copiii stau în cerc şi ascultă o poveste despre ceaţă (era şi afară ceaţă groasă).
Ingrid începe exploratul, se avântă în patru labe către rafturile cu jucării. NU îi pasă de ce se întâmplă în jur, treaba lor, să asculte povestea şi ceilalţi, mari, să o spună. Ea are altă treabă.

Se face ora de masă, mic dejun. Primeşte farfurie, căniţă cu apa şi pe farfurie încep să se pună câte o bucăţică din vreo 5 tipuri de fructe, o jumătate de roşie cherry, o felie de castravete şi o felie de pâine cu seminţe cu unt sau cu brânză, la alegere. Ăsta e micul dejun.

Ingrid se înfige în cea mai mare bucată de pe farfurie, o feliuţă de măr. Ronţăie mic, cu cei doi dinţi, până ajunge la mâna ei. Crede că s-a terminat mărul şi lasă bucata să îi scape pe jos. Trece la mango. Bagă toată bucata în gură şi se îneacă cu ea. Tuşeşte, o apucă plânsul şi hotărăşte că a mâncat destul.

Ne întoarcem la locul de joacă, unde descoperă lucruri din ce în ce mai fascinante. Din când în când se uită în spate, către mine, să vadă dacă sunt unde trebuie. Nu râde, are treabă!
Vine lângă ea un băieţel de vreun an şi jumătate, cu o suzetă fascinantă, cum ea nu a mai văzut. Transparentă, cu un singur moţ mic, opac, exact în dreptul gurii. E legată şi a lui cu şnur cu clips,

ca și a ei.

Se întinde către băiețel, îi trage suzeta din gură cu zgomot de scos dopul unei sticle și cu cealaltă mână o scoate pe a ei din gură. Ăla mic rămâne cu gura căscată în formă de suzetă. Ingrid i-o vâră repede pe a ei în gura lui. Apoi deschide o gură mare și curioasă, încearcă suzeta lui. E altceva! E parcă mai gustoasă!

Începe să se ducă către hol, unde pe jos sunt pictate benzi ca de pe șosea, cu alb. Acolo e locul de dat cu trotinete, căluți și alte chestii pe roți. Ea merge pe cele patru roți ale ei, în 4 labe. O fetiță de 1 an jumate vine în picioare lângă ea, se așează apoi în patru labe și merge timp de 2 metri umăr la umăr cu Ingrid. Apoi se uită la Ingrid și fetița se ridică în picioare încet, ca în slow motion, cred că vrea să o invite la un mers biped.

Ingrid nu e interesată!

Mai trec 1-2 jocuri și se face ora de plecat acasă. O luăm treptat, 3 ore pe zi timp de trei zile cu mine acolo. Apoi 2 zile stăm acolo împreună și pe timpul prânzului.

De săptămâna viitoare începe somnul de pranz și peste încă o săptămână încep să lipsesc câte 10 minute din creșă, apoi revin și tot așa.

Timp de o lună facem acomodarea.

Acomodarea cred că e mai mult făcută pentru părinți decât pentru copii.

Creșa devine astfel, primul lucru de care mi-e frică numai când îl rostesc...

Răspund cititorilor: "E bine să îmi plătesc creditul la casă anticipat?"

Depinde de câți bani pui deoparte! Asta aș răspunde.

Păi dacă tu scoți din banii tăi profit lunar mai mare chiar și cu 50 de bani decât rata de la casă, nu merită să plătești anticipat. Că rata e plătită către bancă dintr-un profit care se regenerează lunar, ca pielea. De ca să nu ții tu în ograda ta vaca numai bună de muls și să i-o dai băncii, să o ducă la montă?

Ține vaca, dă-i mâncare, apă, zi de zi și apoi la final de lună, o mulgi. Ies 20 de litri de lapte. Dai 19 litri de lapte la bancă (rata ta obișnuită) și din litru rămas faci și tu un pudding.

Lăsând metafora un pic deoparte, eu așa mi-aș face calculul.

Trebuie identificată sursa presiunii plății anticipate: o fi de la bani puțin și nesiguri (gen afli că se vor face disponibilizări și vrei să bați fierul cât e cald) sau e de la zădărnicia ideei de a fi dator 30 de ani?

Dacă e a doua variantă, nu vă panicați! Unde vă grăbiți, că doar tot aici ne vedem și peste 30 de ani. Keep it light and fun! Moartea nu vine decât dacă o chemi.

Moartea nu vine, decât dacă o chemi

Poate că unii dintre voi ați fost intrigați de afirmația mea de mai devreme.

Intrigați veți rămâne, probabil și după ce o să explic, dar îmi asum vorbele, așa că iată!

Revin la o idee pictată antreior: mintea e capabilă de lucruri incredibile. Poate atrage orice: bune și rele. Păi bine, puteți zice, cum să atragă ceva rău, adică de ce să atragi ceva rău?

Atracția asta se exercită la un nivel subconștient. Mintea umană gândește și fără control volutiv. Subconștientul este de mii de ori mai puternic decât conștientul și într-o confruntare, îl face KO pe conștient.

Dacă subconștientului tău i-a venit o idee (chiar și una

proastă) o să facă tot ce îi stă în putință să îndeplinească gândul ăla. Omul poate face un singur lucru în acest caz: să își ducă conștientul la sala de forță! Să îi crească forța. E greu, e greu tare! E o muncă teribilă....DAR....când poți să anihilezi un gând subconștient cu puterea conștientului, ești Shaolin!

Ai câștigat viața.

Moartea a pierdut!

Ați auzit de multe ori, probabil, expresia: "și-a chemat moartea". E o vorbă din popor care sună ca naiba, dar așa se întâmplă. Dacă lași gândul să se plimbe toată ziua fără control, el găsește ce vrea. Și ți le aduce acasă.

În timp, începe să încolțească ideea și fără să îți dai seama, ai atras un lucru pe care evident, nu ți-l doreai.

Fac în acest punct o recomandare din inimă de lectură/vizionare și din nou apel la minte deschisă larg!

Căutați pe Youtube, sau în librării sau pe la prieteni filmul: "The Secret" și priviți-l!

E greu de digerat, să aveți un Colebil la îndemână!

Regresie în trecut...că prezentul doare prea tare acum

Camera mea era la etajul 5, în căminul E din Grozăvești, la capătul holului, pe dreapta, penultima ușă. Soră-mea (din nou) o amenajase foarte frumos, am găsit-o gata în prima zi de Octombrie 2000. Cum intrai, pe stânga era o chiuvetă și o oglindă. În dreapta, față-în-față cu oglinda, un dulap în 3 uși de metal. Apoi începea vasta cameră de 3 m pe 3 m. Patul colegei mele era în stânga, canapeaua mea în dreapta. Da, eram șmecheră, aveam canapea extensibilă, aveam plantă verde (raritate printre studenți), frigider (cu asta intrasem în Ivy League-ul studentului de Grozăvești) și reșou rotund. Piesa de rezistență era un dublu radio casetofon, Panasonic, cu care am atras multe prietenii.

Nu uit nici acum mirosul diminețiilor de cafea la ibric și crema de corp cumparată de la metrou de colega mea de cameră. Era o tipă cochetă (ceea ce vă doresc și dumneavoastră, că eu nu eram) și acapara oglinda și chiuveta pentru câteva minute bune. Eram în serii separate, dar plecam de acasă în același timp către Facultate. Acasă a se citi căminul.

Eu eram în seria cu studenții de la Medicină Militară. Era o prelungire de atmosferă militărească de acasă, doar că nu mai făceam flotări. Taică-meu ieșise la pensie maior din armată în clasa mea a 11-a, deci știam cu ce se mănâncă viața de militar.

Colega mea de cameră avea o caseta cu Direcția 5 pe care o asculta până la epuizare (a mea, a ei nu prea). Dacă fac un efort de memorie, îmi aduc aminte ordinea melodiilor de pe partea A și B. Frumoase, nu zic nu, dar eu mă plictisesc repede, în general, de orice se repetă de mai mult de 3 ori. Atmosfera de ascultat caseta aia, cu fundul pe rama de geam larg deschis și uitatul în gol, nu am mai regăsit-o de atunci. Trebuie să mai am o dată 19 ani ca să pot să mă mai simt la fel.

Pe holul ăla am legat prietenii de o viață. Viața la cămin are farmecul ei (pentru o perioadă, cel puțin) și te învață că statul la comun e în ADN-ul nostru, mai mult decât statul singur. Mai ales când ai 19 ani...

Amintiri de medicinist - partea 1

Botezul ca medicinist ți-l faci în anul întâi, în prima zi de Facultate, la ora de lucrări practice (LePeuri, cum le ziceam noi) care de obicei e programată în prima zi de școală.

Șoc și groază! Este un moment muuult așteptat de mai toți studenții la Medicină. Unii beau un expreso dublu în dimineașa aia, alții se bărbieresc de 2 ori ca să fie prezentabili, alții se dau cu mult parfum ca să aibă unde băga nasul (just in case).

Eu nu făcusem niciun ritual special. Mă îmbrăcasem cu blugi și cu ceva, ca de obicei și îmi luasem halatul PLUS BONETA. Da, eram în seria Domnului Dr. Ciomu și omul avea o fixație cu boneta. Cine nu o avea PE CAP, părăsea sala de disecție instant, ca un cățel bătut cu ziarul că a făcut pipi pe canapea. Și era și pe lista roșie la examen.

Așa că puteai să uiți acasă portofelul, cheia de la cameră, puteai să uiți sandvișul pregătit de cu seara.....toate se puteau repara, mai puțin lipsa bonetei. Arătam, evident, ca un măcelar cu boneta aia stupidă, dar stăteam așa, nu mai conta lookul!

Eram strânși toți pe hol, la parter, în capătul distal (ca să zic așa) al holului, îngrămădiți bine - cam 70 de oameni în total - și nerăbdători. Făceam care mai de care spirite ca să ne marcăm teritoriile. Nu erau destule teritorii pentru câte marcaje vroiam fiecare dintre noi să facem.

Întrezăream ușa de la intrarea în sala de disecție, dar mesele cu materialele de studiu (cadavrele, adică) erau pe stânga și dreapta, ferite din dreptul ușii. Oricât de sus am fi stat pe vârfuri, nu vedeam ÎNCĂ nimic.

Apar asistenții de grupă, plictisiți și nedormiți și strigă fiecare de pe o lista pe cine are sub aripa ocrotitoare. Eu eram la Doamna Dr. Cristescu pe aceeași listă cu Ruxandra, Roxana, Dariana, Andrada, Carmen, Domi, Răzvan și Victor. Trupa de șoc! Împreună am respirat mult formol și am tremurat unii lângă alții la examenele care, mie una, mi-au mâncat ceva ani din viață.

Se deschide ușa și năvălim.

Cadavrele era doar două. Ni se atrage atenția de la început

să umblăm cu ele cu grijă că și așa sunt cam terfelite. Nasol....să fii cadavru în sala de disecție și să mai fii și terfelit și acum să te ia alșii la terfelit, de data asta cu grijă.

Pentru un altfel de om decât medicinistul, ăsta e un moment bun de leșinat. Pentru noi era un moment mult așteptat. Ceva fiori de trec, că și mediciniștii este oameni, dar știi atât de clar că dacă nu știi măruntaielea alea pe derost, nu treci anul! Și numai noi știm cât am muncit ca să ajungem acolo. Așa că pentru noi, nu mai e cadavru, e material didactic.

Cu bonetele pe cap ne așezăm la o masă (de disecție, evident) care de data asta era goală. Simt răceala aia de masă făcută din piatră. Mă gândesc la cine o fi stat pe masa asta...Nu apuc să termin gândul, că se face prezența grupei, ca să ne cunoaștem. Profa noastră fuma mult, încontinuu. Avea un aer pe care l-am înțeles după ce am terminat facultatea. De medic din România. Dacă știam atunci, mă întorceam din drum.

La masa de alături e o altă asistentă, care mi-a atras atenția din secunda în care am văzut-o. Era pata de culoare dintr-o cameră plină de bonete albe și mese de piatră gri închis. Ea era multicoloră, făcea rezi la chirurgie plastică...prea plastică, aș comenta eu sarcastic!

Simțeam că mă înec, dar nu știam cu ce: cu miros de formol sau cu fum de țigară Kent lung?
Începe descrierea programei, a Lepeurilor și a examenului. Aflăm pe scurt că am dat de dracul și de fratele său la un loc, având-l pe Ciomu prof. Așa a și fost!

Urmează atingerea morții...

Cum e să atingi moartea? (Amintiri de medicinist - partea 2)

Rece. E rece și uscat.

Pielea cadavrului nu mai e piele, e pergament, scorțoasă, închisă la culoare (brun închis) și aproape nu îți dai seama că a aparținut unui om.

Așa începe drama medicinistului și mai târziu a

doctorului. El este obligat de circumstanțe, toată viața, să nu vadă evidentul uman în situațiile de la muncă. El, când vede politraume, pe masă la Urgențe, trebuie să gândească scoruri de comă Glasgow, să gândească liste de analize de cerut la laborator.

Medicul începe încă din fașă să se nege pe el, să își nege natura umană. El nu mai are voie să fie om, el e un mecanic de oameni. Dacă mintea ar fi foarte clar compartimentată, nu ar fi o problemă, ai fi la serviciu mecanic și acasă ai avea sufletul cald, ca un cozonac aburind, cu ai tăi.

La mine, din păcate, compartimentarea nu a mers. Empatia mea are proporții cosmice și nu mă lasă să fiu mecanic de oameni.

Lângă masa de disecție am început să fac glume proaste, ca mecanism de auto-apărare. Ce poți să spui? Dumnezeu-să-l ierte? L-o fi iertat deja, că e mort de mult. Să te gândești la el ca la un om? Păi te apucă mila.

Păi și atunci, ce faci?

Îți vezi de treabă, te apuci și diesci, scobești și înveți. Furi meserie de unde poți și te faci că el nu e un mort, că e materialul tău didactic.

Se spune că atunci când atingi moartea, nu îți mai e frică de ea.

Mie abia de atunci încolo începea să îmi fie...

Eu, în dulapul ăla, nu intru! Sunt oase acolo!

Aveam un prieten bun, politehnist, care se îndrăgostise lulea de sora unui medicinist, an mai mare. Medicinistul stătea la etajul 2, soră-sa, bună prietenă și ea, de altfel de-a mea, locuia cu el, ea nefiind medicinistă.

Într-o seară, prietenul meu își dă întâlnire cu ea la mine în cameră. Ea vine, dar era permanent urmărită de frate-su, care se opunea oricărei umbre de viață personală ar fi putut să aibă soră-sa.

Bănunind ceva, fratele mare apare la ușa mea, să întrebe dacă e la mine fata. Eu mă fac că nu pot să deschid imediat (trebuia ascuns bine îndrăgostitul). Unde naiba să ascunzi un om, într-o cameră de 3 metri pe 3 metri? În dulap!

Deschid uşa dulapului, strig fratelui gelos că vin imediat şi îl îndes pe prietenul meu în dulap. El vede o pungă, din care ieşea un capăt de femur.

Întreabă: "astea ce naiba sunt?"

"lasă, mă, intră acolo! Ce să fie? Oase!"

"de om?"

"da, de om, dar e mort"

Le aveam împrumutate şi eu, pentru câteva seri, să pot să învăţ. Oricât am împins de el, nu a vrut să intre!

Mai bine că nu a vrut, că poate le rupea şi eram bună de plată...nici nu vreau să ştiu cât ar fi costat, dacă un craniu era 100 de dolari.

Inima din borcan

Mai umbla din mână în mână de medicinist, în Cămin la noi, o inimă. O inimă de om, în formol, pe care o ţineam cu rândul la frigider şi o studiam intens. Inima nu are o anatomie foarte complexă, dar toate au aceeaşi culoare acolo şi ca să poţi să pui degetul pe I, la propriu, trebuie să o pipăi, să simţi papile, urechiuşe şi ce mai are ea.

Plimbam inima în borcan prin cămin fără silă.

Era o inima de la care învăţam.

Inima noastră ne adusese în situaţia aia, inima altuia ne salva de la restanţă.

Prima puncţie venoasă: noroc că era beat

În vara anului întâi am făcut practica de vară la Brăila, la Spitalul 3. Am stat 2 săptămâni la Primiri urgenţe şi am învăţat şi eu tot ce mi s-a arătat. La început, stăteam ca un şoarece fricos, lângă un dulap. Nu ştiam să fac practic, nimic. Un medic răbdător şi înţelegător, mi-a pus, în a 3-a zi, un garou în mână şi mi-a arătat patul pe care era întins un barbat.

"Ia-i sânge!"

Ups!

„Păi știți...eu nu știu cum se face!"

"Nu-i nimic, se învață! Domnișoara asistentă, arătați-i doamnei doctor cum se ia sânge!" Succesiunea asta de propoziții m-a făcut să roșesc. Nu știam nimic și el îmi spunea doamna doctor!

Jenibilă situație pentru mine!

Asistenta (să-i dea Dumnezeu sănătate!) are răbdare și îmi explică. Nu îl înțeapă pe om, îmi explică doar din vorbe. Urmez eu acum. Pacientul duhnea a alcool rău de tot. Dacă ar fi tușit înspre mine, mă îmbătam. Stătea cu ochii sticloși în tavan și bolborosea ceva. Nu îl durea nimic, era doar mort de beat.

Trag o gură de alcool (că aer nu mai găseam pe lângă el) și îmi fac curaj. Înclin acul la 45 de grade, puncționez și apoi, când am dat de venă, orizontalizez acul.

Am puncționat.....dublu. Trecusem cu acul în partea celaltă de venă. Asistenta zice: nu-i nimic! revino în venă! Revin în venă, dar revin cam mult, acum cred ca trecusem în partea cealaltă.
Pe românește, îi fac vena ciur. Bietul om nu avea nicio vină, era doar beat.

Dar nici eu nu aveam nicio vină, eram trimisă acolo de Facultate, trebuia să îmi fac "mâna".

"Mâna" mea sau vena lui?

Câștigasem.....experiență!

Telefonul Bosch cu antenă

Mi s-a adus aminte de telefonul Bosch cu antenă!

Îl primisem tot ca şi cadou de instalare de la cumnatul meu. PLUS o cartelă SIM cu cent. Un minut costa 1 cent! Era o nebunie naţională, toată lumea avea cent. Chiar şi cu centul ăla amărât, tot mă zgârceam. Făcusem un cod de comunicare cu ai mei. Dădeam bip-uri pe telefonul fix.

Un bip însemna că am ajuns în gară (când mă întorceam de la Brăila) şi două bip-uri însemna că sunt bine - astea le dădeam ocazional. Aveam şi cartelă de fix, costa 10 lei şi sunam de la parterul căminului acasă. Trăgeam de ea cât puteam de mult, vorbeam cu ochii pe cronometrul telefonului portocaliu şi când vedeam 58 de secunde spuneam : "Pa!"

Mai exista, tot în vremea aia, o modă, mergeai în cămine (de obicei P-urile din Regie şi dădeai telefon unde vroiai, de pe telefonul ăluia care oferea serviciul şi plăteai per minut. Din păcate nu mai ştiu cât costa, dar profitul ăluia era infim.

Telefonul cu clapetă avea să fie următoarea modă, la care puteam doar să visez!

Afaceri în Regie

Mi-am adus aminte într-o zi de afacerea din regie cu maşina de spălat rufe. În Germania încă mai există (ca şi în America, de altfel) serviciu public de spălat rufe, gen automat. E avantajos şi nu prea, că din vreo 100 de spălări, îţi iei maşina ta de spălat. Acum cred că e mai mult vintage să speli în oraş şi nu acasă.

Pe vremea studenţiei costa 1 leu şi 50 de bani încărcătura. Se umpluse Regia de anunţuri.

Ca să fie atractiv, anunţul conţinea şi precizarea: detergent ARIEL şi balsam LENOR. Adică marfă bună, calitate. Unii, mai şmecheri, ofereau şi servicii de uscare - aveau maşini ultimul răcnet - şi rezolvau o problemă spinoasă a studentului: întinsul chiloţilor pe sârma improvizată, în afara geamului.

Era doar o loterie dacă stăteai la alt etaj decât cel mai de sus, cum îi vei găsi dimineața. Puteau avea mâncare, coji de seminţe sau uneori puteau lipsi cu desăvârșire (da, nu știu cine ar vrea să fure chiloţi și mai ales ce ar putea să facă cu ei, dar se furau).

Mai exista un alt business, de închiriat CD-uri cu filme, costa 1 leu. Filme bune, de acţiune.

Bine, viaţa noastră era un film în sine, dar e tot timpul mai distractiv să râzi de răul altuia!

Bătaie am învăţat de mică....m-a ajutat la stagiul de psihiatrie

Tata avusese grijă să mă înveţe bătaie de foarte mică! Îşi revărsase asupra mea tot necazul că nu are şi el un băiat şi a hotărât să facă din mine un băiat.

Parţial a reuşit!

Ingrid a moştenit de la mine, în mod cert, atitudinea mea de kung-fu. Şi privirea care se asortează. Ochi scăpărători şi sprâncenele unite! Dacă nu ai şti că are un an, te-ar trece puţin fiorii.

Credeam că o dată depăşită perioada de adolescenţă, se termină şi cu bătăile. Mă potolisem.

Într-o zi din anul 6, eram la stagiu la Psihiatrie, la spitalul 9, consacrat pentru renumele de spitalul de nebuni. Trebuia să îl facem şi pe ăsta! Eu, fan psihiatrie, nu am fost niciodată pentru că mi-a fost frică că sunt nebuni aşa de pricepuţi, care cu nebunia lor, mă pot înnebuni şi pe mine. Şi apoi nu se mai ştie cine e nebunul şi cine e normalul. În fond, limita normalităţii e foarte fină!

Şi în ziua aia, de care vă spun, mi s-a activat iar gena bătăuşei, dar nu din vina mea.

Terminasem în ziua respectivă Lepeurile (acum ştiţi toţi ce sunt alea) şi trebuia să ajungem la curs, într-o sala la parter, cum intri, pe dreapta. Am făcut imprundenţa să mă duc să îmi iau covrigi de la colţ şi am ieşit din clădire. La ieşire nu am observat că exista om de pază.

Când m-am întors, dau să intru: un nene cu bască neagră şi geacă neagră, încruntat şi zbârcit la faţă, mă întreabă autoritar: "unde mergeţi?". Plină de ifose de medicinist de an mare, răspund din vârful buzelor: "la curs, sunt studentă!" Mă simţeam pe tarlaua mea, nu înţelegeam ce vrea bătrânul. Dau să trec pe lângă el. El pune mână pe perete şi îmi face o barieră şi spune: "nu aveţi voie să intraţi!"

Gena bătăuşei dormise mult, că prea repede s-a activat!

Îl împing ferm pe nenea din uşă, să intru. El se

îmbățoșează și mai tare! Eh, atât a fost! S-a strâns în mine tot testosteronul (da, și femeile au, mai puțin - unele - dar avem și noi hormonul ăsta păcătos!) și l-am țintuit la perete. Schema îmi ieșea de fiecare dată, privirea de mortal combat o aveam la mine și îi spun ceva printre dinți, ca să îi înghețe sângele în vine.....până la urmă era un biet moșulică, nu a fost prea greu, sincer!

Ajung la curs, șifonată din întâmplare. În 5 minute ajunge și Profesorul și spune îngrijorat că a auzit că a fost o bătaie între un student și un pacient. Interesant! Zic eu, s-au mai bătut unii, simultan cu noi. Cine o fi studentul?

Din vorbă-în-vorbă aflu că era vorba despre o domnișoară....adică eu! HÎC! Păi stai așa, eu m-am bătut cu un portar, la pacienți nu mă bag!

Aflu că portarul = pacientul

Se aplica în Spitalul 9 o metodă foarte interesantă (ca să nu zic cretină, de-a dreptul) de a reinsera social pacienții cu afecțiuni moderate psihiatrice: le dădeau de lucru ca la oameni normali.....pe secția pe care erau îngrijiți!

Ați mai auzit așa ceva? Adică ăla, portarul, era pacientul! Mda....o făcusem lată și de data asta! Mi s-a dus buhul!

Și în ziua de azi cred că am luat examenul ăla ca să scape de mine de pe secția de reinserare!

Bodaproste că am scapat eu de ei!

Cel mai înfricoşător stagiu: Medicina Legală

Asta a fost ultima picătură, ultimul stagiu din anul 6, anul 2006. Ne-am făcut poze de final de Facultate pe iarba verde de la IML (Institutul de Medicină Legală). Nepotrivite situaţiile, dar medicinistul e inventiv şi îşi face treaba unde apucă, chiar dacă nu dă bine la imagine. A fost un stagiu scurt, de o săptămână, că mai mult nu puteai duce, emoţional.

Nici acum nu înţeleg profilul ăluia care alege să facă o astfel de specializare! Pur şi simplu nu înţeleg unde e vreo urmă de plăcere în meseria asta. În fine, empatia mea are accente patologice din nou, o las baltă!

Nu vă povestesc decât un ultim aspect, cred că era luna Iulie 2006 şi era fix ultima zi de stagiu, zi de vineri. Cald afară, frumos! Dupa curs, am ieşit să beau o cafea în curtea interioară şi să îmi iau un sandviş. De cele mai multe ori dormeam dimineaţa mai mult decât trebuie şi plecam în grabă către şcoală, fără să mănânc; pe la 10-11 aş fi mâncat orice!

Orice am şi găsit, că ăla nu putea fi numit sandviş. Sincer, ce clienţi putea să aiba şi ăla la chioşc? Morţii, nu, apărţinătorii numai de sandviş nu stăteau. Deci era un sandviş doar de pus dop la foame. Şi stăteam rezemată, aşa, în uşă, priveam un petec de cer, în curtea interioară, cum am zis.

Deodată văd pe sandviş nişte bucăţele mici. Dau cu degetul să le îndepărtez (cum ziceam, îmi era foame). Scap de alea, dar vin altele. Veneau de sus, pluteau! Hm! Naiba ştie ce o mai fi şi asta!

Nu trec 2 minute şi aud o femeie spunând: "iar vine cenuşă de la crematoriu!"

Am slăbit mult în vara aia, înţelegeţi voi de ce!

Cadouri de ziua lui Cip

Ador să surprind oamenii și să fac cadouri.

Nasol e că nu pot să țin partea cu suspansul la cotă maximă, nici pentru 5 minute. Când îi pregătesc un cadou lui Cip, de ziua lui, îi spun cu vreo 2-3 săptămâni înainte, așa misterios: "să știi că știu ce cadou îți fac, dar să nu mă întrebi, că nu spun!"

Replica lui mă doboară: "ok, nu te întreb!" Și încep singură și mă desconspir, spun rând pe rând toate detaliile. El râde cu gura până la urechi și îmi spune că știa că nu pot să țin o surpriză prea mult.

Mă oftic de fiecare dată, dar chiar nu pot să îi țin secret ceva! O slăbiciune care vine an de an cu precizia trenului japonez.

Nu o să vă spun despre toate cadourile, vă spun despre câteva, mai reprezentative.

În 2005 m-am gândit să îi fac cadou un aparat foto. Era pasionat și încă este, de aparate foto vechi, de fapt de mecanismul lor, de reglajele manuale fine, de înțelegerea lor și de filmul pe film, nu pe card. Ok, zis și făcut, asta îi caut. Unde să cauți vechituri? Pe Lipscani! Totul era frumos, dar nu știam ce caut. Intru într-un magazin, unde puteam să fiu victima perfectă, putea să îmi vândă ăla și un monoclu, să îmi spună că e un aparat foto foarte vechi și apreciat și l-aș fi cumpărat!

Norocul meu a fost că i-a fost ăluia milă de mine, m-a ajutat. Începe un tir de întrebări: păi ce fel de poze vrea să facă cu el? Portret sau peisaje? Răspund: DA Mai departe, vreți și alt obiectiv, separat sau nu? răspund: NU Ce distanță focală? Răspund: ce variante de răspuns am? Și tot așa....a fost cea mai stupidă conversație din viața mea. Ba nu, eu eram stupidă, omul era bine intenționat.
Când mă blocam de tot spuneam zâmbind: "nu știu, i-l fac cadou".

Melcii m-au ajutat și acum și am ales un aparat care pe Cip l-a dat pe spate. Bine, vânzătorul l-a ales pentru el, eu doar l-am plătit. Cert este că aparatul ăla, un Zenith, face niște poze extraordinare!

În anul următor, i-am luat şi continuarea, un obiectiv, altul decât cel original. Aflasem între timp detalii şi m-am dus cu un bilet scris cu exact ce vreau!

Aşa da, mai vorbeam şi eu ca un fotograf profi.

Purtat de un strănut de-al lui Dumnezeu

În anul 2012, am ales ceva inedit: eram în Germania, deci trebuia să deschid seria viselor neîmplinite (sau cutia Pandorei în cazul nostru). Ziua lui Cip e în Decembrie. E frig întotdeauna. Bine, e frig în România şi acum era frig şi în Germania. În Bahamas o fi fost cald de ziua lui.

Îmi scotocesc mintea şi găsesc cadoul şi mai perfect decât în anii precedenţi.

ZBORUL CU PARAPANTA!

O foarte veche pasiune de a lui. Visează să îşi cumpere parapanta lui (sper că nu o să o şi construiască singur!) şi să zboare când vrea. Aflasem de mult de pasiunea asta, dar în România nu am avut dispoziţia necesară organizării. În Germania te îndeamnă totul la hobby-uri.

Caut eu pe net, ca de obicei şi găsesc în Austria, foarte aproape de unde locuim noi, un loc superb, Ghețarul Stubai unde poţi face toate nebuniile de sporturi de iarnă, inclusiv parapanta de iarnă, zbor în tandem.

Contactez timid pe e-mail în limba engleză pe un tip care era instructor şi îmi răspunde rapid că se poate, e totul dependent de vremea din ziua aia. Aranjez şi călătoria, hotelul care să primească căţei şi stabilim data, după ce verific accuweather.

Ziua zborului a fost superbă, o fereastră norocoasă de 3 ore de soare, dupa care zăpadă.

Michael, instructorul, era un timp la 40 de ani plus 10, vorba bunicii lui Cip ("baba aia are 70 de ani şi 12, adica 82, aşa zicea ea despre câte o vecină).Era blond, evident, cu faţa arsă de soare, zâmbet larg, de nebun pasionat de zbor şi o hurdughie mare în spinare care era parapanta împachetată. Ne dă detaliile de zbor şi timing şi îmi spune unde să îi aştept, că aterizează la punct fix!

Ce șmecherie!

Cip mă pupă, mă strânge de mână și mai zice o dată: "mulțumesc, Meri!" și pleacă cu același zâmbet nebun pe buze ca al lui Michael.

Îmi fac o cruce în gând și mă duc la punctul fix și stau fixă. Cu ochii fixați pe cer......el nu mai apare! Mă uit bine, strâng din ochi (sunt mioapă)....NIMIC! Mă uit la ceas, trecuse estimarea ăluia plus încă 15 minute!

Unde o fi?

Într-un final îl văd: un punct mic (Cip+Michael) și o virgulă mare, alb cu roșu (parapanta). El e! Respir ușurată, de parcă faptul că îl vedeam, rezolva toată problema. Au fost cinci minute în care m-am gândit filozofic că plutește calm, fericit, purtat de un strănut de-al lui Dumnezeu!

Mai împlinise un an și își mai împlinise un vis!

Inima mea bate vrmmmm....vrmmmmm

Acum câteva luni a fost din nou ziua lui Cip și de data asta le-am întrecut pe toate de până acum. S-a făcut pace în sufletul nostru! Nu aveam să avem soarta moșului din reclama la nu știu ce credit (era în România reclama, acum vreo 5 ani, pe TV).

Reclama arată un motociclist, îmbrăcat în negru, cu cască, care dă să încalece pe motocicletă. Ridică piciorul o dată, de două ori....nu reușește. Apoi dă casca jos și se arată un moșulică artrozic! Mesajul era să nu aștepți o viață să îți îndeplinești visele. Împrumută-te acum!

Așa am facut și noi (nu, nu partea cu împrumutul) și ne-am îndeplinit un vis comun: Motocicleta.

Am căutat vreo săptămână pe autoscout.de motociclete. Ce să aleg? Habar nu am!

Stric iar surpriza lui Cip și îi spun intenția mea, dar îi dau un short list de unde să aleagă și marchez cu o stea pe aia preferată de mine.......aia a fost și preferata lui!

Puțini înțeleg pasiunea asta, pentru motociclete. Și mai puțini o simt. De explicat, nu prea o poți explica, e ca și cum ai explica de ce îți plac strugurii roșii și nu ăia verzi....nu știi nici tu exact, știi doar că îți plac!

Motocicliștii sunt de două feluri: vitezişti şi admiratorii de peisaj. În categoria a 2-a intram şi noi. De acum trebuie doar să nu mă îngraş ca sa nu cresc consumul la motocilcetă!

Enjoy the ride!

Zwei hunde...Pretty und Dulfa

Mergeam cu mașina către nicăieri, ca de obicei. Eu și Cip, într-o după-amiază dintr-o zi de săptămână. Ne plăcea să conducem și să vorbim, să oprim pe dreapta dacă vrem și să ne întoarcem acasă când vrem. Era 2011, prin martie, la sfârșit. Ne luasem casa, dar nu ne mutasem încă, așteptam un racord la utilități.

Tragem pe dreapta, imediat după mănăstirea Căldărușani, pentru că ne chemase natura. În timp ce eu aștept la volan, cu mașina oprită pe dreapta, mă uit în oglinda retrovizoare stânga și văd ceva într-un șanț: două urechi și un cap! Apoi aud un lătrat scurt, ferm! vesel aș putea spune....
Încerc să ignor momentul, ca să nu fac iar o criză de plâns și milă. Mă uit totuși pe furiș în oglindă din nou. Acum văd și doi ochi, plus două urechi și un vârf de cap. Același lătrat scurt, când îmi întâlnește privirea în oglindă.

Mă uit în portieră, am niște pernuțe Viva uscate. Mă gândesc că sunt bune și alea, dacă i-o fi foame! Mă duc acolo, la locul cu urechi. Cip mă întreabă unde mă duc și spun că vreau să vad ce e acolo. Ce să fie? O adunătură de blană murdară, ochi blanzi și veseli și un picior înțepenit.
Mă rog cu cerul și pământul să o luăm de acolo și să o ducem măcar în curtea mănăstirii, poate acolo găsește ceva de mâncare. O urcăm în mașină, la picioarele lui Cip, în dreapta. Stă în fund, cu botul lipit de scaun și se uită când la mine, când la Cip, ca la un meci de tenis de câmp. Tace! Nu se tânguie, nu latră......tace și se uită!

Mănăstirea era cam la 1 km în direcția din care veneam și direcția către casă. Când mai aveam 100 de metri până la mănăstire, Cip spune: "hai să o păstrăm, că acum avem curte! "
Mi-am adus încă o dată aminte de ce îl iubesc pe omul ăsta. M-am uitat la ea și am botezat-o Pretty. Cip râdea ironic, că e orice, dar nu Pretty!

Privirea aia o are și acum, o privire curată, de câine care uitase toate prin câte trecuse și își trăia doar prezentul, cum fac toate animalele, de altfel! E unul dintre motivele pentru care iubesc câinii, nu știu să mintă și își trăiesc clipa.

Dulfa a venit în toamna aceluiași an, "invitată" de Pretty. Dulfa bântuia pe strada de la noi, aruncată cine știe de cine. Era un ghemotoc negru, plin de păduchi, pureci, mătreață și alte orătănii și avea o privire de miloagă. Timp de o săptămână ne-a terorizat, intra printre lespezile gardului, în curte, și îi mânca mâncarea lui Pretty și dormeau îmbrățișate, pe preș la ușă. Dimineața o luam de la capăt cu izgonitul....fără folos! Ba încă Pretty se punea în fața ei, de parcă spunea: "bate-mă pe mine!"

Pe 8 Septembrie Cip mi-a mai făcut cadou un câine, Dulfa, a.k.a. Țiganca, din motive evidente (e neagră și insistentă).

Zwei hunde ajung în Bavaria, direct din șanț, respectiv uliță.

Nu fac pledoaria iubitului de câine, pentru că știu ce se poate naște dintr-un astfel de subiect.

Vreau doar să dovedesc că orice e posibil, chiar și pentru un câine! sau doi...

Înapoi la bani....de data asta vă invit la un Cafe Latte

O carte revolutionară pentru mintea mea a fost "The Automatic Millionaire". E scrisă de un american, în stil american, dar cu o soluție universală. Vorbește despre un cuplu de americani cu un nivel de trai mediu, care fac împreună pe an 55 000 de dolari. Ca să vă traduc, în România ar însemna un cuplu care împreună face cam 40 de milioane pe lună. Cam asta ar fi conversia nivelului de trai.

Păi cine să fie cuplul ăsta? Poate fi orice cuplu din București, în care cei doi au între 25 de ani și 45 de ani. Eu cred că e realist să presupui că doi oameni, cu studii superioare (și nu numai) care muncesc în București, pot face împreuna 40 de milioane lunar. Deci translatați imaginar cuplul de americani (care sunteți în SUA, lăsați-l așa) și faceți împreună cu mine un calcul banal, dar care ar putea să vă schimbe percepția asupra banilor.

Autorul descrie o zi obișnuită de muncă (luni-vineri) în care probabil, înainte de serviciu, sau poate la prânz, dai o raită printr-o cafenea (el se referă la cafeaua de la Starbucks, o cafea excepțională, ce e drept!) și îți iei o cafea și ceva lângă ea....știu eu...o brioșă, un corn cu unt....ceva.
Și rogi vânzătoarea să facă cafeaua Latte și să îi pună extra frișcă. Să presupunem că ai lăsat în cafenea 12 lei (aproximăm la 4 dolari). Nu e greu, nu?

Și fără să îți dai seama, faci asta zilnic (sau aproape zilnic). Și acum să facem cifrele să vorbească: 4 dolari x 365 de zile pe an fac fix 1460 de dolari pe an. Ar însemna că pe lună, ai economisi 120 de dolari.

Acum vă invit să faceți un calcul pentru voi, cu sumele voastre. Jucați-vă cu imaginația. Puneți o dobândă de 8% pe an (atât are fondul de investiții în care îmi bag eu banii) și vedeți la ce sumă ajungeți în 30 de ani.

Doar dacă renunțați la o cafea și o briosă. Cui îi e lene, am făcut eu pentru voi....ies 180 de mii de dolari fix. Repet, doar dacă renunțati la o cafea și o brioșă pe zi, sau un pachet de tigari, sau o pizza, sau mai știu eu ce obiceiuri zilnice pot exista.

Ok, o să ziceți, păi până trec 30 de ani.....păi da, dar anii ăstia oricum trec. Mai bine te găsesc mai bogat cu 180 de mii de dolari....sau cu cât vrei tu! Dacă hotărăști să pui deoparte 200 de dolari lunar, deja după 30 de ani ajungi la o sumă de 300 de mii de dolari.

Și tot așa.....fiecare, cât poate și cât vrea! O fi greu să pui 200 de dolari pe lună deoparte, nu zic nu! Dar altfel, când crezi că ai putea să faci banii ăstia și mai ales din ce?

Eu răspund pentru mine: nu știu din ce altceva, măcar deocamdată nu am niciun răspuns. Ce am deocamdată e un salariu. Și un cap! Încerc să îl folosesc la full power și să am o viață liniștită când o să cresc nepoții.

Bătrânii sunt tot oameni

...deși există voci și minți care spun că după ce faci 70 de ani, ești kaput. În mintea mea nu încape ideea de bătrân la azil, decât dacă e singur cuc pe lume. dacă încă are familie, nu văd de ce să nu stea cu familia lui.

Cică ar fi greu, că miros urât și fac pe ei (unii). Să reduci existența unui om la o problema legată de lipsa de control pe sfinctere, este inuman. Poate fi senil și cică nu mai știe ce zi e....așa, și? Cu un senil se poate vorbi, ba chiar îl poți reancora în prezent.

Un bătrân e un om cu pielea creață, care se mișcă și vorbește greu, atât. Dacă îl privești adânc în ochi, o să vezi un om.

Un om speriat de ce i se întâmplă.

Un om care nu mai știe ce zi în săptămână e, pentru că se gândește la o singură zi, ziua plecării lui.

Un om care speră că cineva o să-și aducă aminte că e și el om.

Dragostea adevărată îți dă bună ziua o singură dată în viață

Cred cu tărie că în viață poți iubi o singură dată. De îndrăgostit, te poți îndrăgosti de mai multe ori. Cred că suntem croiți ca un puzzle și ne potrivim cu o singură altă piesă. Păcăleala vieții e că atunci când te încăpățânezi să găsești piesa, nu o găsești. Cumva, ea vine la tine, când e menită să vină și tu trebuie să fii gata să o primești.

Sunt cam multe condiții de îndeplinit și probabilitatea de a găsi dragostea adevărată scade direct proporțional cu numărul de îndrăgostiri. Adică cu cât te îndrăgostești mai mult (de mai multe persoane), cu atât mai tare te îndepărtezi de probabilitatea de a-ți întâlni dragostea vieții. Pentru că îndrăgostelile eșuate, te vor face să crezi că nu ai "noroc în dragoste". Omul nu e făcut să trăiască fără dragoste.

Dragostea la om este ca o funcție viscerală care își atinge maturitatea când a găsit omul potrivit, piesa lui de puzzle. Dacă nu o găsește o perioadă de timp, se atrofiază, ca orice organ care nu e folosit la parametri optimi. Dacă ai îndoieli că nu o să recunoști dragostea adevărată, bazează-te pe instinct, te ajută fără greș.

Am știut că am găsit ce îmi era destinat când am visat împreună același vis, simultan. Da, am visat noaptea același vis și ni l-am povestit dimineața, cu aceeași succesiune de evenimente. Comunicarea mentală nerostită garantează un suflet pereche. Puteți să spuneți că toți oamenii ajung să vorbească la fel și să semene între ei, după o perioadă de timp petrecută împreună. Sunt și eu de acord, dar când împărtășești dragostea cu cineva, e mai mult decât asemănarea de trai comun.

Suntem făcuți să avem pereche și fiecare avem perechea pusă deoparte. E a noastră și ne caută. Trebuie doar să o primim. Când o găsești, lasă deoparte toate rezervele, fricile și suspiciunile. Aruncă-te în ea dezbrăcat complet. Aruncă-te cu capul înainte și cu brațele deschise.

Dacă ai găsit-o, ești norocos!

Puțini o găsesc, cei mai mulți o caută.

Berlineza cu ciocolată...

La 24 de ani am realizat (cu ajutor extern), că eu nu am preferințe.

Știu, sună fantasmagoric, dar NU aveam preferințe, adică ce mi se oferea, aia acceptam. Nici nu aveam opțiunea de nu îmi place. Dacă era funcțională, era ok. Mai explicit, dacă eram întrebată ce vreau: o savarină, o amandină sau un tiramisu, aș fi răspuns: "da!". Cândva, de mult, ceva sau cineva a reușit să îmi dea shut down la preferințe și liber arbitru. Adică nu credeam că are vreo importanță ce aleg...erau toate prăjituri.

În 2005, când am cerut ajutor pentru problemele mele, am mers la Gogoașa Înfuriată și, pentru prima dată, am făcut o alegere bazată pe ce îmi plăcea. Am aflat că îmi plăceau berlinezele cu ciocolată mai mult decât cele cu vișine.

Pare un fapt banal și poate nu înțelegeți de ce vă spun asta, dar există o explicație. Ca să poți deveni om liber și să îți iei viața în propriile mâini, să te conduci după principiile tale și după părerile tale, trebuie să știi ce fel de berlineză îți place.

Poate că temporar nici nu găsești berlineză cu ciocolată, sau poate lumea spune că e o porcărie, cum poți să mănânci așa ceva?

ÎNSĂ, dacă ție îți place berlineza cu ciocolată, caut-o până o găsești și când ai găsit-o, savureaz-o. Dă și altuia, doar dacă vrea și îi place.

Cartea mea e berlineza mea cu ciocolată.

Libertatea mea vorbeşte Limba Engleză

În liceu am fost în clasa de mate-fizică cu engleză intensiv. Adică făceam engleză până ni se făcea rău. Dar nu era rău, era chiar bine, ne-a ajutat în viață pe toți din clasă, sunt sigură. Încă din clasa a 9-a am avut două ore pe săptămână cu profesor nativ (veneau câte unul pe an, fie din Anglia, din Scoția, Irlanda...

Ei, pentru mine, erau ca UNICEF-ul pentru copiii din Africa. Mă uitam la ei de parcă veneau de pe altă planetă şi mă tot întrebam cum o fi în țara lor, ce mănâncă dimineața şi cu ce săpun se spală. Revoluția avusese loc în 1989, la noi primul profesor a venit în 1996, deci trecuseră 7 ani de democrație.

Nu şi în gândirea mea. După 7 ani de democrație mă gândeam tot în secret la cum o fi în altă țară. Credeam că trebuie să fie bine, dacă poți să vii într-o țară ca România, să predai la un liceu din Brăila şi apoi să pleci în altă țară şi tot aşa...

Privirea lor era curată, râdeau plăcut şi nu forțat şi ascultau ce aveam noi, puştanii de spus. Nu mi se întâmpla des să mă asculte cineva. Nici nu ştiam că am ceva de spus. Datorită lor am început să îmi vorbesc în cap în Engleză, când îmi făceam planuri de libertate, cum ar fi călătoriile, motocicleta, concerte rock la care eram în public în primul rând.

Eu, când îmi vorbesc în cap în engleză, vorbesc numai de bine, nu înjur, nu judec, îmi fac doar planuri de viitor.

Toate planurile din liceu le-am împlinit: am călătorit, motocileta e afară, pe terasă şi la 18 ani mă uitam în nările lui James Hatfield, la primul concert Metallica din România.

Ce făceai la Revoluţie?

Asta era o întrebare foarte la modă în Decembrie 1989 şi Ianuarie 1990. Păi aveam vreo 8 ani şi jumătate şi stăteam cu soră-mea şi maică-mea chircite în hol, în dreptul oglinzii şi plângeam de frică. Tata ne instruise prin telefon să stăm pe hol şi să nu deschidem uşa, orice ar fi!

El era plecat în misiune, evident, era ofiţer de transmisiuni, deci intra prima linie în orice confruntare. Nu ne spusese unde pleacă, când vine acasă....NIMIC!

Stăteam toate 3 în hol şi tremuram. Zgomotul era infernal, se trăgea de jos în sus şi de sus în jos. În faţa apartamentului nostru era şi este o unitate militară. Blocul are 10 etaje şi se presupunea că pe bloc urcaseră "teroriştii". Armata trăgea în terorişti...şi noi plângeam de frică. Nu mai auzisem zgomot de puşcă sau pistol până la vârsta aia.

Au fost împuşcături care nu ştiu nici acum cât au durat...poate 10 minute, poate o oră. Nici nu îmi mai aduc aminte unde am dormit şi când am adormit. Tata a ajuns acasă după 3 zile de misiune, teafăr, scăpat de la moarte de două ori, doar de un miracol. Foarte clar îmi aduc aminte că în decurs de câteva zile, am început să vedem democraţia.

Ce era democraţia?

Păi era brânza de Olanda, pe care o puteai cumpăra cu roata (aveam mulţi bani cash necheltuiţi, de pe vremea lui Ceauşescu şi brânza era ieftină), erau portocale, era detergent Bona, ambalat, era salam fără năut, era cafea bună, Alvorada (nu numai nechezol), erau ţigări BT şi Assos.

În Ianuarie s-a organizat la tata la unitate o tombolă şi tata a câştigat un televizor color ELCROM (adio ecran în 3 culori, de sticlă, care stătea în faţa ecranului alb-negru).

Democraţia era consignaţia, second-hand-ul şi chioşcul de la colţ.

Democraţia, pentru mine, mult timp a gustat a ciocolată KISS cu banane sau căpşuni şi biscuiţi ULKER.

Când a început şcoala, a însemnat şi că se dăduse jos de

deasupra tablei din clasă poza lui Ceaușescu și de acum puteam să zicem Tatăl Nostru înainte de ore.

Eram liberi! Așa spuneau mama și tata.

Eu, liberă însă, am fost mai târziu, mult mai târziu.

Dar tot printr-o Revoluție a trebuit să trec, una adevărată de data asta: Revoluția minții.

Prin câte case trebuie să treacă un om ca să găsească ACASA?

Păi eu am trecut prin multe...și prin multe case.

Acasă, pentru mine, este la Baloteşti, în casa noastră, unde ştiu fiecare colţişor şi unde am atins fiecare centimetru pătrat de podea.

E acasă când stau pe terasa făcută de Cip şi lăcuită de mine. Privim căsuţa de grădină făcută de mâinile lui Cip, cu stâlpi ţinuţi de Ovi, privim iarba la care am visat de când am văzut casa prima dată şi pe locul de iarbă erau mormane de nisip şi pietre.

Vântul uscat de câmpie de Ilfov şi soarele puternic îmi dau de înţeles că suntem acasă. Văd copacii plantaţi de noi, imediat după nuntă. Văd tufa de pătrunjel care, în fiecare an, e mai înaltă. O aud lătrând pe Pretty la lună şi aud greierii cântând în iarbă sau chiar în casă.

Aud un şoricel care roade o stinghie de lemn în pod şi aud un zumzet lin de maşini care gonesc către munte, de la DN1. E vineri în amurg şi simt că mi se relaxează toţi muşchii.

Simt mirosul de miere de la stupi şi planificăm "când umblăm" iarăşi la ei.

ACASĂ e acolo şi ne aşteaptă.

Dumnezeu trimite pachete cu poşta normală, aşa că ai răbdare, DUREAZĂ

De multe ori am bănuit că Dumnezeu a uitat de mine şi de noi. Părea că toate ni se întâmplă numai nouă. Nu avea nicio logică umană să vezi că te-ai străduit să faci un lucru atâta timp şi vine momentul "floeşc!" când se năruie tot...şi nici urmă de plan B!

Se pare că logica lui Dumnezeu bate logica umană, ca în jocul ăla cu hârtie, piatră, foarfece.
El are un Master Plan, dar ca să îl vezi, trebuie să fii acolo sus, cu el. Când eşti jos, pe planşa de joc a lui, nu vezi decât un pion înainte şi unul după. Nimic mai mult! Şi începi şi te schiauni, că nu ai noroc, că eşti blestemat, că numai ţie ţi se întâmplă toate...şi tot aşa!

Până când sună factorul (cum zicea bunicul meu, adică poştaşul) şi te anunţă că ai un pachet. Ok! În sfârşit, respiri uşurat şi dai să iei pachetul.

Dar nu.....nu aşa merge treaba! Vă duceţi dumneavostră la poştă să îl ridicaţi, că e trimis cu poşta normală. Şi uite aşa, DUREAZĂ! Soluţia pentru "necazul" tău vine, într-un final.

Vine întotdeauna, dar cu poşta normală. Dumnezeu nu se grăbeşte nicăieri.

Noi, oare, unde ne-om grăbi, aşa?...

Contemporan cu foametea.

Nemții, acasă la ei, mănâncă foarte puțin. Dimensiunea unei porții e cam jumătate din ce știm noi că trebuie să avem pe o farfurie. La restaurant însă, portiile sunt mari. NU sunt ieftine și sunt mari.

Am stat și m-am gândit de unde vine în cultura lor porția mică, că doar o duc bine din punct de vedere financiar.....ar trebui să aibă mâncare multă pe masă (după logica neamului nostru). Cred că li se trage de pe la bunicii lor, care, după al doilea razboi mondial, au supraviețuit unei stări de foamete cumplite. Citisem cândva (sau poate am auzit) că munceau zilnic în folosul statului, deci nu luau salariu, iar seara primeau cartofi de mâncare. Atât! Cartofi.

S-au învățat probabil cu traiul simplist și cu nevoia mică.

De curând am văzut împreună cu Cip o emisiune gen Brainiacs pe un post nemțesc, în care un domn învăța diverse familii cum să nu mai arunce mâncarea. Fie ea și aparent stricată. Cică, de exemplu, dacă ai un iaurt în frigider, desfăcut de ceva timp și a început să miroasă un pic, dacă îl torni într-o cană curată, e numai bun de mâncat. Dispare mirosul (de fapt iaurtul rămas pe capacul de aluminiu ar produce mirosul) și el e gustos.

Pe alți copii îi învăța că o banană înnegrită e foarte bună, poate fi mâncată. Și tot felul de trucuri! Eu și Cip ne uitam cam uimiți....păi "la banii lor!" ar trebui să își poată permite să arunce o banană neagră. Dădea niște cifre pe care nu le rețin exact, care spuneau câte kilograme de mâncare aruncă o familie medie din Germania, pe an. Era șocant, ceva de genul 200 de kilograme de mâncare!

Păi vă puteți imagina câte suflete sărmane ar mânca din 200 de kilograme de mâncare, fie ea și aruncată? Lumea în care trăim, este o lume a contrastelor, nu sunt eu prima care constat asta. Dar mie îmi vine lehamite de omul modern când mă gândesc că în același timp cu mine stă la masă un african care mănâncă o fiertură de rădăcini și eu risipesc mâncarea.

Este o stare de fapt care, din păcate, e întreținută de niște oameni nebuni (cei care conduc țările sărace din Africa) care nu permit oamenilor înfometați să beneficieze de ajutoarele trimise din țările dezvoltate economic. Că de trimis ajutoare, sunt convinsă că se trimit foarte multe. E un sabotaj la nivel național, care vrea să țină omul sărac și mai sărac ca să nu creadă că are putere mai multă decât își imagineaza el că are. Un om înfometat va putea fi controlat cu o simplă felie de pâine.

Să fii contemporan cu foamea, într-o lume, nu a abundenței, ci a risipei, ESTE UN PĂCAT!
Nu am nicio idee inteligentă despre cum s-ar putea stopa foametea, dar încă mă gândesc! Când scopul vieții este să găsești orice, ceva de mâncare pentru următoarea zi, ești un om spiritual mort.

Nu au nicio vină, bieții oameni, au doar ghinion că s-au născut acolo și nu aici.

E ca și cum trăim pe planete separate. Poate că ei au auzit de țările dezvoltate, dar nu știu cum arată cu adevarat. La fel cum noi am auzit că se moare de foame, dar nu am văzut niciodată un copil african malnutrit.

E trist....

Second-hand-ul e pentru bogați

Am o colegă care s-a alăturat echipei recent. A ieșit și ea din cerc (a fost medic urolog) și a intrat în lumea de circuit deschis, de angajat obișnuit. Ea m-a făcut să îmi dau seama că omul cu adevărat bogat înțelege valoarea unui lucru.

Conduce și ea și soțul ei câte un Prius (o mașină scumpă, pentru cine nu știe, este eco și costă mult). Tot în garaj la ei se mai află și două Harley-uri, câte unul pentru fiecare. Când aproape intram în concediul maternal și abia mai puteam să îmi acopăr burta cu haine, ea a fost cea care m-a întrebat dacă poate să îmi aducă niște haine de gravidă. Eu am zis bucuroasă că da, că îi mulțumesc și mă ajută orice bluză care acoperă buricul.

Când a dat să iasă din birou, mi-a zis că ea cumpără numai haine second-hand și speră să nu mă deranjeze că hainele pe care o să mi le aducă au fost purtate de sora ei.
Pe mine nu mă deranja......dar sincer, mă gândeam că pe ea ar deranja-o să își cumpere hainele de la second-hand.

Este doar una dintre persoanele întâlnite aici, de care am aflat că își cumpără haine folosite.
Că în fond, le iei ca să le folosești și tu. Și apoi te saturi de ele, la fel de repede ca și de una nouă.
Periodic se organizează în câte un sătuc/orășel, piața de vechituri. Literalmente, oricine poate să își întindă pe tarabă vechiturile de orice fel și să le pună la vânzare. Prețurile sunt negociabile și de cele mai multe ori, simbolice. Cei care vând scapă de ele și fac un bănuț, cei care le cumpără nu dau banii inutil pe unele noi, mult mai scumpe.

Și lângă toată piața de vechituri, există negreșit o tonetă cu bere și cârnați....așa, ca să meargă negocierea mai bine!

Orgoliul uman ne împiedică de multe ori să fim second, chiar și în materie de haine.

Vrei să fii şi tu patron?

După Revoluţie apăruse în România sindromul patronului. Se vorbea peiorativ despre cei care îşi deschideau câte o gheretă. Că e bişniţar, că aduce marfă de la turci, că e profitor.....şi mai ştiu eu ce apelative primea bietul patron. El vroia doar să facă un ban cinstit, că de fapt aşa se face în toată lumea, cumperi ieftin şi vinzi un pic mai scump. Ăsta e comerţul! După părerea mea, ăia au fost nişte oameni curajoşi şi inspiraţi! Bine, se poate spune că au dat faliment în câţiva ani. Da, se poate, dar au avut curajul nebun de a face ceva ce nu erau învăţaţi să facă.

Eu îi admir pentru curaj şi pentru umilinţa pe care au acceptat-o din punct de vedere social, să stea în spatele tejghelei şi să vândă şampon şi tampoane. Erau aspru judecaţi, de pomană! "ia uite, cutare e profesor! acum stă şi vinde drojdie la colţul blocului! păcat de el..."

În gura lumii să nu te uiţi niciodată, dacă ai un vis măreţ! O să te reducă la zero până să te dezmeticeşti ce se întâmplă cu tine. Fă planul tău public doar atunci când eşti foarte hotărât să îţi urmezi visul, ba eşti deja pe drumul tău. Fă-le cu mâna, zâmbeşte-le şi uită-te în faţă! Pe ei o să îi găseşti unde i-ai lăsat şi după mulţi ani.

Eu zic că e mai bine patron falimentat decât salariat falit.

ABC-ul antreprenorului

Ai stat şi ai "copt-o" nopţi întregi, te-ai gândit (crezi tu) la toate! Şi totuşi a fost un eşec total. Ai rămas dator, nevasta te-a boscorodit de atunci încontinuu şi nivelul tău de încredere e undeva sub limita de îngheţ.

Nu pricepi unde ai greşit! Ca să îţi dai seama, fă un pas în spate şi reia filmul evenimentelor.
E posibil să se fi strecurat o greşeală de calcul. Cu cifrele să nu te joci! Cu banii nici atât! O să iau un exemplu concret de business încercat de un om drag mie. Ideea este una foarte bună, dar nu a mers.

Iat-o!

Se făcea că A. vroia să facă bani din pâine. Să vânda pâine. Ce cumpără omul zi de zi? Pâine! Nevoia exista deci. Ar fi trebuit să fie simplu dacă nu ar fi fost atât de complicat.

Păi A. vroia să facă o pâine bună, de calitate, nu franzela de duzină. O pâine cu ingrediente naturale, copată fără aditivi, în șarjă mică, câteva pâini pe zi. Conta pentru A. foarte mult și aspectul ambalajului pâinii și mai ales conținutul ei. Așa obisnuia să facă pâinea și pentru ea și familia ei și ar fi vrut să ofere clienților viitori o pâine bună, ca la ea acasă.

O idee foarte bună și foarte nobilă. După toate premizele aparente, o idee de succes! Să nu uităm că vorbim de un start-up în București, deci șansele de reușită cresc semnificativ, pentru că aici ai temeliile unui business nișat deja turnate de alții. Ai clienți cu mind-set necesar care să vrea să cumpere o așa pâine.

Trebuia găsită o locație, un nume pentru magazin și activitatea putea începe. Bine, fiind acțiunea în derulare în România, îți trebuiau o mulțime de avize de la Sanepid, de la Minister, de la draci și laci. Dar să presupunem că îndeplineai condițiile.

ÎNAINTE de a te apuca de orice producție, fă calculul investiției și profitabilității. Nu îți trebuie studii speciale, îți trebuie foaie, hârtie, puțin simț practic și curajul de a spune lucrurilor pe nume. Entuziasmul îl lași puțin deoparte când faci calculul.

Ok, deci să zicem că A. face o pâine bună și pune în ea ce e mai bun. Lapte bun, unt, semințe de dovleac, făină integrală.....samd. Costul de producție este de 8-10 lei de bucata de pâine. Mă refer strict la ingrediente. Nu am luat în calcul costurile de producție ale ei. Acum trebuie să stabilești ce costuri mai adaugi pâinii. Ca să fii mai grosso-modo, calculezi în felul următor: Păi să presupunem că A. a ales locația: Dorobanți - vad bun, oameni cu bani, oameni în căutare de pâine bună. Super!

Next, spațiul: Păi îi trebuie cam un 50-60 mp, căci se impun niște norme de la Sanepid (să ai nu știu ce baie, să ai vestiar...bla -bla). Să zicem un 60 mp de inchiriat în Dorobanți.

Dacă îl vrei puțin mai la stradă ca să nu te caute lumea după săgeți, printre blocuri, plătești cam cât?...să zicem 80 euro/mp. cu tot cu utilități. Deci lunar te costă 4800 de euro doar existența fizică a magazinului. Indiferent dacă tu ai vândut 10 pâini în ziua aia sau nici una.

Apoi iți mai trebuie personal. La început nu te întinzi prea tare, dar o vânzătoare și 2 brutari trebuie să ai. Să zicem că o faci pe vânzătoarea o vreme....dar 2 brutari trebuie să ai! Să zicem că le dai un salariu minim, de 1000 de lei pe lună de fiecare. Să adăugam acum și taxele către stat, ar veni cam 1700 de lei de brutar, ori 2 fac 3400 de lei lunar angajații. Mai luăm în ecuație niște costuri minime de amenajare a spațiului (gresie, faianță, banner la intrare) să zicem 2000 de lei - low cost.
Punem la calcul niște cuptoare second-hand, dar profesionale, 2 bucăți, ca să avem flux tehnologic, adăugăm așadar încă vreo 8000 de lei pe 2 cuptoare. Un mobilier minim - raft, tejghea - încă vreo 1500 de lei.

Să tragem un pic linia, să vedem de ce e nevoie ca să ajungem în stadiul de funcțional ÎNAINTE de a fi vândut prima pâine.

Păi: chirie 4800 de euro = cam 20000 de lei (aproximativ) pe lună

      salarii personal = 3400 de lei
      amenajare spațiu = 2000 de lei
      cuptoare = 8000 de lei
      mobilier = 1500 de lei

Să mai adăugăm și niște autorizații, avize în valoare de, să zicem, 1500 de lei. TOTAL = 36 400 de lei îți trebuie ca să începi să faci pâinea. Nu am băgat încă materia primă pe care trebuie să o iei. Păi acum să ne gândim, dacă tu faci pâine cu 10 lei, cu cât să o vinzi? Cu 15 lei, ok? Mai mult, nu știu cine o mai cumpără. Deci profitul tău este 5 lei la pâinea vândută.

5 LEI! 36 400 lei investiția inițială împărțit la 5 lei profit = trebuie să vinzi cam 7000 de pâini până când ai amortizat investiția inițială. Dar stai! Luna următoare trebuie să achiți încă o chirie, adică 20 000 de lei, încă două salarii, 3400 de lei, adică

total 23400 de lei te costă numai ca să exişti, fără să vinzi nimic.

Şi facem iar: 23 400 împărţit la 5 lei profit de pâine = cam 5000 de pâini. Deci într-o lună trebuie să vinzi 5000 de pâini ca să exişti! adică vreo 160 de pâini pe zi!

DECI: trebuie să vinzi 160 de pâini pe zi ca să exişti! Că profit nu ai ÎNCĂ! Să găseşti adică 160 de oameni dispuşi să plătească 15 lei pe o pâine, gustoasă de altfel! Eventual să facă asta zi de zi. Eu zic că e greu, chiar şi pentru Dorobanţi.

Nu de alta, dar puţin mai încolo de magazinul tău, e altă brutărie, şmecheră, care vinde pâine la acelaşi preţ (poate mai scump) dar el are un preţ de producţie de 3 lei, nu 10 lei ca tine, că el mai trage ţeapă din când în când clientului şi pune făină albă colorată în negru, în loc de făină integrală.

Ce am vrut să spun cu tot calculul este că trebuie să pleci de la produsul finit pe care vrei să îl vinzi. Să vezi cât te costă pe tine să îl faci şi să vezi cu cât poţi să îl vinzi. Diferenţa e suma din care tu trebuie să acoperi toate costurile punerii lui pe piaţă. Dacă îţi dă cu plus, ai tras lozul câştigător! Tocmai ţi-ai redus semnificativ probabilitatea de eşec.

Doar pentru că ai făcut nişte calcule de clasa a 5-a împreună cu o medicinistă!

Vă doresc succes şi spor la idei!

Înțărcarea mamei

Vine o vreme când laptele nu mai e cantitativ suficient pentru bebeluș. Eu am alăptat fix 11 luni și zece zile, la cererea ei, de câte ori a vrut și cum a vrut. Ușor nu a fost, nici pe departe, dar satisfacția că poți să oferi copilului ceva de la tine și lui îi place atât de mult, este un sentiment care nu poate fi descris în cuvinte prea bine.

Ingrid a luat contact cu baza (adică am pus-o la sân) la o oră de la naștere. A știut imediat ce are de făcut, nu a pus întrebări, s-a pus pe treabă și așa a fost până acum câteva zile. Acum câteva zile s-a hotărât că e destul de mare și nu mai are nevoie de laptele ăsta chiar așa de mult. Putea și fără el! Eu nu am vizualizat niciodată ziua respectivă.

Îmi era frică să îmi și imaginez. Nu înțelegeam cum va putea să adoarmă fără să sugă, cum se va alina nesugând. Când am văzut prima dată că întoarce capul în partea opusa mie și încearcă să adoarmă singură, am fost atât de mândră! Simțeam că a crescut! Apoi, în câteva secunde mi-am dat seama că eu nu sunt gata! Eu mai aveam nevoie de legătura asta cu ea.

Știu, sună prostește, poate, dar așa am simțit. Timp de 11 luni și zece zile nu am băut cafea și pentru mine ăsta e un sacrificiu suprem. Nici acum nu am băut încă o cafea adevărată, deși nu am mai alăptat de 2 săptămâni. Mă tot gândesc că dacă mai vrea, poate îi mai dau. Nu știu ce îi mai dau că se pare că în absența stimulării copilului, laptele e dispărut aproape cu totul.

Azi a trebuit să recunosc față de mine că eu nu m-am înțărcat.

Înțărcarea mamei e mai grea decât înțărcarea copilului.

Dormitul "la prici"

Acuș face un an și a dormit în pătuțul ei timp de fix o săptămână. În rest, a dormit cu noi, "la prici". Adică grămadă cu noi 2, într-un pat de 2m pe 2m. Spun grămadă pentru că eu și Cip stăm adunați ca la grămadă și ea lăfăită ca în Grecia.

Avem 3 pături, una galbenă, a mea, una portocalie, mică, a ei și una maro a lui Cip.

Eu dorm înfofolită cu ea complet (îmi rămâne afară numai capul), Ingrid doarme cu pătura stil centură, numai în jurul burții și Cip doarme cu ea numai sub el.

3 oameni, 3 pături, 3 dorințe care s-au întâlnit într-un singur pat și dorm la unison. Ea nu este o lipicioasă, nu vrea mângâiere, pupici mici, vrea doar să fie prezentă între mine și taică-su și să se știe iubită.

E banal să îi îndeplinim dorința asta. Mâncatul la comun și dormitul la prici au beneficii nebănuite asupra spiritului uman. Dacă o să îi îngrijim bine spiritul ei, o să ne fie bine și la al nostru.

Ochelari de cal pentru un miop încăpățânat

De la o vreme mi-am pus ochelari de cal, ca să îmi văd de drumul meu. M-aș fi oprit de prea multe ori ca să stau și să dau explicații și cred că aș fi uitat direcția în care merg. Fiind mioapă, nu văd foarte departe, merg din aproape în aproape.

La capitolul creșterea copilului, ochelarii de cal m-au ajutat cel mai mult. Am făcut cum ne-a tăiat pe noi doi instinctul. E un subiect foarte sensibil și se încing spiritele de mămici și tătici de fiecare dată când vine vorba de sfaturi și de "cum e mai bine? așa sau așa?".

Păi rețeta e una și o știe fiecare pe a lui, pe aia, UNA. Eu îmi fac borșul meu cum știu eu, cu câtă sare vreau eu, cu cât piper vreau eu, că doar eu și ai mei din casă îl mâncăm. Ar fi ridicol să vină vecinii și să îmi îndese pe gât borș de-al lor și eu să îl înghit orbește sau să încerc să îi conving că nu așa se face borșul.

Borșul se face fix cum îți place ție!

Așa e și cu crescutul copilului. De fapt, de crescut îl crește Dumnezeu, tu ca părinte îl hrănești, îl speli, îl pui în pat la somn.

Recunosc că și pe mine mă mănâncă coaja din când în când să spun unei mămici cum am făcut eu cu Ingrid și mai răspund și neîntrebată. Că ești entuziasmat de borșul tău și vrei să dai share.

Dar cel mai bine e să te abții, ajungi sigur mai departe așa decât dacă te oprești să faci lobby pentru alăptat/nealăptat, dormit în pătuț/în pat și mai stiu eu ce.

De la pediatru auzi numai "Das ist normal!"....asta în Germania

Până acum 4 zile Ingrid nu a avut nicio tuse, niciun muc, nicio boală, Slavă-Domnului! Acum 4 zile a luat de la creșă ceva și acum respiră printr-o laterală a suzetei. Ingrid s-a născut la ora 12 ziua și începând cu ora 13 în aceeași zi, a fost neseparată de mine. Deloc! Eu am stat la Terapie Intensivă fix jumătate de oră. În salon am ținut-o numai lângă mine și când am ajuns acasă a început priciul.

La pediatrie am mers periodic, așa cum indică tabelul pentru bebeluși. Primul vaccin l-a făcut la 4 luni. Până la 5 luni și jumătate a mâncat exclusiv lapte de la mine, fără apa, ceai, suc, fără supliment lapte praf. Și da, era vară și cald și de sete tot lapte bea. Când am început mâncatul de legume, la 5 luni și jumătate, ne-am speriat noi doi că bietul copil nu mai face caca. Se constipase! Ne-am dus cu ea, panicați, la medic, după 3 zile de așteptare zadarnică.El ne spune calm că e normal și să mai așteptăm până la 10 zile. Și apoi să venim înapoi cu ea.

La 7 luni a început să mănânce și carne și mai apoi fructe și cereale. Pe la 10 luni i-am dat seara câte un biberon de formulă, ca să o obișnuiesc cu ideea de biberon, în eventualitatea în care rămân eu fără lapte. Cam 2 săptămâni a durat să înțeleagă că biberonul are mâncare în el și nu e o jucărie.

Până acum nu a luat niciun medicament. Ia zilnic vitamina D tabletă. La pediatrie în Germania, pînă acum ni s-a spus că totul e normal. Pe moment mă enervam, vroiam o soluție rapidă. Apoi, când ajungeam acasă cu ea, îmi dădeam seama că de fapt e foarte bine că nu intervin eu cu soluțiile mele. De fiecare data a fost așa cum a zis pediatrul.

Să fii relaxat, ca părinte, e cel mai bun boost imunitar

pentru bebeluş.

Părerea mea, după ce am văzut "moda" lor.

Şi când nu mai poţi, ce faci?

În ultimul an am spus de prea multe ori şi în gând şi cu voce tare: "nu mai pot!" Cumva, se pare că am mai putut puţin după ce am spus asta. Mă uit în jur şi ce vad? Un living în care totul e împrăştiat pe jos, pe masă, pe canapea, pe blatul de bucătărie. Sunt treburi multe care aşteaptă să fie făcute.....de cineva, de oricine. Nu apucă să le facă nimeni.

Din când în când mai găsesc o brumă de imbold şi mă apuc şi fac ordine, curăţenie. Pe fragmente, că toată casa e greu de făcut o dată. Până când am terminat toată casa, de unde am început e iar dezastru.

Nu mai pot!

Îmi tot repet în fiecare săptămână că o să vină vremea când Ingrid nu o să mai aibă nevoie de mine non-stop şi atunci ea o să stea la o măsuţă să deseneze, în timp ce eu fac ordine în jurul ei. Dar oare când vine vremea aia? Mai vine? Poate suna stupid să te plângi că ai o casă în dezordine. Aşa, şi ce dacă e dezordine? NU e nimic, faci când ai chef şi timp (ar spune o minte odihnită, raţională). Corect! Doar că fiind dezordine non-stop şi ordine atât de rar că nici nu îţi mai aduci aminte cum e, începi să te nevrozezi.

Dezordinea, pentru un om ca mine, căruia îi place să ştie şi noaptea în vis unde a pus lucrul x, e nevrozantă. Înainte de Ingrid aveam şi eu şi dezordine. Şi vase nespălate. Dar nu mă îngrijoram, că era o problemă internă, de chef. Cheful venea negreşit....

Acum e o problema externă, pe care nu o controlez deloc. Tot ce pot să fac e să repet că nu mai pot! Nu mă ajută afirmaţia asta deloc, ba chiar mă încurcă, mă face să plâng de frustrare...dar eu tot repet că nu mai pot în speranţa că mă aude cineva.

Mă aud doar eu şi tocmai mie nu mai îmi pasă.

Viața fără oglindă

De când stăm în apartamentul ăsta, nu avem oglindă decât la baie, în care te vezi până la umeri. La început, când ne-am mutat, am tot amânat să cumpărăm. Eu, sincer, nu țineam morțiș să mă văd cu 15 kg în plus și cu o burtă pe care doar o pipăiam cât e de mare. Am tot amânat până când nu ne-am mai luat. Și nu îmi pare rău.

Acum însă, încep să mă spionez în oginda mică de la baie. Am dat părul ușor la o parte, de la tâmple. E mult! E mult păr alb și parcă e mai mult decât ăla castaniu. M-am uitat la pielea de pe față....e uscată și parcă am făcut niște pete maro. Da, clar, sunt niște pete maro pe care nu le aveam.
Mă uit la ochii mei și am cearcăne adânci! Nu știu dacă mai scap de ele, la cât sunt de accentuate.
Mă uit pe etajera din baie și văd borcanele de cremă Nivea de noapte și de zi (ce naivă am fost să cred că mă pot unge nu o dată pe zi, de două ori.....! Văd lapte de corp... altă sticlă care o să expire....și mai văd un lac de unghii și soluție de îndepărtat cuticulele. Ce o fi fost în capul meu când le-am cumpărat? Probabil speranță......

Mă uit în ochii mei și văd griji. Griji multe. Mai văd și o urmă de frică, o frică fără obiect, o frică de orice. Eu nu sunt asta, în mod clar nu sunt asta! Păi și atunci cine e? Seamănă a om cunoscut. Mă forțez să zâmbesc și parcă încep să aduc cu mine, aia de dinainte.

Aș vrea să mă văd întreagă în oglindă, să mă întorc în profil, să mă uit la mine cu capul înclinat, să văd dacă a mai rămas ceva...din mine.
În oglinda asta mică, e un alt om, care nu sunt eu.
Poate în oglinda mare mă găsesc!

Bunici "de închiriat"

În Germania am mai aflat de o ciudățenie, relativ recent: poți să "închiriezi" bunici copilului.

Este forțat spus, dar lucrurile stau așa: dacă ești din altă țară și copilul tău își vede bunicii rar, ai posibilitatea să alegi o pereche de bunici pentru el, ca să stea totuși pe lângă oameni de vârsta bunicilor.

Cuplurile astea de bunici sunt instruite, sunt autorizate și se oferă voluntar (tu ca părinte nu plătești niciun ban) să petreacă timp cu copiii. E bine din toate punctele de vedere, e o situație win-win-win. Copilul e fericit că are bunici, fie ei și de împrumut, părinții au și ei câteva ore de respiro într-un weekend, iar bătrânii reîntineresc în prezența nepoților ocazionali.

Mie una, mi se pare o idee incredibil de bună. Bineînțeles, îi prezinți copilului pe oamenii respectivi ca fiind niște prieteni de familie. NU aș substitui în capul copilului ideea de bunic biologic, cu un bunic surogat.

Dar cred că un copil are mare nevoie să petreacă timp cu oameni de vârsta bunicilor. Există o comunicare între bunici și nepoți pe care nu o prea întâlnești la copii-părinți. Bunicii nu fac altceva decât să se bucure de copii, nu mai au grijile împovărătoare de părinți, au timp, au învățat ce e răbdarea până la vârsta respectivă, sunt plini de povești și bunicile de obicei gătesc niște prăjituri excelente.

Copiii îi plac pentru că îi văd mai atenți la ei, mai zâmbitori decât părinții și mai darnici când vine vorba de dulciuri.

Ingrid are nevoie de bunici mai mult decât am eu nevoie de părinți sau socri.

MAREA TRECERE

Teoria mea despre moarte şi ce se întâmplă după ea este foarte simplistă şi în acelaşi timp poate fi şocantă. Nu este teoria mea, că nu eu am descoperit-o, doar cred în ea. La nivel molecular, suntem compuşi din câteva elemente chimice de bază. Este o regulă matematică, nu este ceva obscur, empiric. Elementele astea chimice care ne alcătuiesc pe toţi, fără excepţie, fără diferenţă de rasă, se găsesc în tot ceea ce ne înconjoară. Adică ce e în noi, e în toate.

Când murim, rămâne din noi materie organică. Care, descompusă, se reduce la elementele chimice amintite. Fără excepţie! În timp (mai multe zeci de ani, poate sute), devenim elemente chimice care plutesc în Univers. Din noi se va face altceva, orice altceva. Nu, nu este teoria reîncarnării budhiste! Este o terorie chimică.

De fapt, paradoxul este că nu mai existăm ca oameni, aşa cum ne ştim acum, dar continuăm existenţa materială, chimică la infinit, în alte forme. Un fel de perpetum mobile.

Moartea e o transformare la nivel chimic. La nivel psihologic, e tot o transformare, dar de data asta, a spiritului celor rămaşi în urmă. Lipsa formei sperie pe om şi dacă nu îşi mai vede pe cel iubit în forma ştiută, intră în panică şi în disperare. Zice că "nu mai este!".

Ba el este, dar nu aşa cum îl ştim, este altfel. Asta este, după părerea mea, frumuseţea creaţiei, faptul că avem viaţă veşnică. Eu la asta cred că se referă Dumnezeu când spune viaţă veşnică.

Moartea este de fapt o mare trecere, de la forma aşa cum o cunoştem, la o neformă aşa cum nu o cunoaştem.

Cu sufletul e altă poveste.......

Sufletul rămâne, doar corpul se transformă

Păi, după ce am devenit îngeri (eu cred că toţi devenim îngeri), rămâne în urma noastră o dâră. Da, o dâră stelară, cosmică, o prezență. O să ziceți, poate, că am luat-o pe coclauri. Nu, nu este adevarat! Vă aduc aminte că am terminat mate-fizică și am făcut Medicină, deci am o gândire bazată pe dovezi și lucruri pragmatice.

Păi, sufletul omului ia naștere din niște conexiuni neuronale. E chimie, reacție de neurotransmițători. Sufletul imaginați-l ca pe un abur care iese dintr-o cafea abia făcută. Dupa ce se ridică din cană, unde se duce? Dispare? Noi nu îl mai vedem, corect, dar asta nu înseamnă că el dispare. Particulele de cafea se dispersează atât de mărunt, că devin invizibile, dar nu înseamnă că nu mai sunt acolo.

Așa e și cu sufletul, nu îl vedem , dar e acolo. Filmul "The ghost", cu răposatul Patrick Swayze, nu e chiar pură ficțiune, Demi Moore chiar îl simte pe el. Puteți să ziceți că am înnebunit, puteți să ziceți că sunt sectantă, nu e nimic din ce nu am auzit deja. Însă vă zic toate astea ca să vă risipesc teama de pierdere.......pierderea celor dragi vouă.

Ei nu pleacă nicăieri, rămân aici, cu noi, pentru eternitate. Vă spun vouă ca să îmi intre și mie bine în cap, pentru că deși cred în teoria asta, recunosc că e o terorie greu de digerat.

Trăim într-o lume ticsită cu suflete. Unele împăcate și unele încărcate.

Îngeri, îngeri, îngeri.....peste tot doar îngeri

Nu cred că dracul există. Ce prostie e și asta? Cine e Dracul? O plăsmuire de speriat copiii și oamenii fără de Dumnezeu....aaaa.... și poate babele din biserică. Dracul poate fi cel mult conștiința noastră. Adică după ce facem ceva rău, să ne auto-pedepsim și să spunem că ne ia dracu' dacă nu îndreptăm treaba. Atunci da, cred că dracul e util.

Când omul moare, se întoarce la natura lui primordială, cea care l-a conceput. Vă spuneam într-un alt post că eu cred că atunci când ne naștem, suntem toți albi. Pe parcursul vieții devenim diverse nuanțe de gri și apoi ne albim la loc, în momentul morții.

Aşadar, moartea ne aduce din nou la start. Nici un om nu merită să moară, nici cei mai odioşi criminali, nici maidanezii din adăposturi.

Dar moartea totuşi vine, negreşit, la toţi.

Moartea vine doar ca să ne readuca la zero şi să redevenim îngeri.

Incinerat sau fezandat?

Eu răspund: incinerată. Da, păi economisesc timp şi ajung mai repede la starea zero, aia de element chimic. Nu mai aştept să mă descompun, o mie de ani. Ba cică dacă mănânci multe E-uri, nu mai putrezeşti!

Să te bage în groapă, e ca şi cum te lasă la fezandat. E prea de durată pt mine.... Bine, acum trebuie întrebată şi familia, adică cum te vor şi ei, că lor, dacă le e teamă de tine în urnă, e bine să nu insişti cu incineratul.

Urna e mai ieftină decât înmormântarea clasică, sunt convinsă. De ce să nu fii bio până la sfarşit? Mai în glumă, mai în serios, da, eu aşa vreau când o fi timpul.

Amintiri din copilărie......

Când eram mică (aveam cam 7-8 ani) îmi era îngrozitor de frică de lupi.

Cum care lupi? Ăia din Delta. Auzisem eu de la nu știu cine că sunt lupi în Deltă. Și îmi făcusem o cazemată, mă băgam sub masa din bucătărie și atârnam niște prosoape, pături, în așa fel încât să nu văd nimic dincolo de masă. Un fel de cort. Credeam că e suficient cât să nu mă vadă lupul. De venit, nu au venit niciodată, dar eu eram pregatită. Îmi mai era frica de întuneric. Pe asta am înfrânt-o în așa hal, că după ceva timp, mergeam dreaptă prin întuneric și puteam să îți aduc o haină din șifonier, fără să văd nimic.

Îmi dezvoltasem simțul texturilor și îmi plăcea să mă joc cu ghicitul ăsta.

Cel mai tare îmi era frică de nebunie. Îmi era frică să nu înnebunesc. Soră-mea știa treaba asta și râdea de mine. Se prefăcea că ia pastile și că înnebunește și apoi mă alerga prin toată casa, până când începeam să plâng.

Frica e un sentiment care poate ține un copil într-o stare de cumințenie. Pe asta cred ca s-a bazat cumințenia mea renumită. De fapt îmi era frică. Îmi era frică și de umbra mea, vorba aia, dar mai ales de umbra lunii printre copacii din fața geamurilor de la dormitor.

Acum, mare, îmi place să îmi privesc umbra și ador luna, mai ales văzută prin telescopul lui Cip.

Telescopul mareşte de atâtea ori, până când te simţi MINUSCUL

Cip mai are o pasiune: stelele, Universul, în toată grandoarea lui, planetele, galaxiile..... Visa să îşi ia un telescop. Aşa un vis de măreţ trebuie împlinit. Într-o după-amiază, am venit de la serviciu şi m-a anunţat că a venit pachetul, a venit telescopul (ştiam că îl comandase, dar nu îmi imaginasem pachetul). Era o tulumbă mare, lungă de 1 metru şi ceva şi diametrul de vreo 30 de centimetri. O gură de tun. Alb, lucios, simplist.

Prea simplist, un sistem de oglinzi şi nişte lentile (lupe) prin care vezi Cerul. Şi totuşi, când te uiţi prima dată la lună, te trec fiori. Da, vezi detaliile, craterele, poţi să ai norocul să îţi intre în câmpul vizual un avion care trece pe acolo întâmplător.

E fascinant să te uiţi la stele, aşa cum e fascinant să te uiţi la foc. E ceva care te face să îţi pui întrebări din ce în ce mai fără răspuns. Te uiţi la Jupiter şi înţelegi că lumina care ajunge la tine acum, a plecat de pe Jupiter acum 33 de minute. Deci îi vezi trecutul, cu alte cuvinte.

Nu poţi să o vezi niciodată în timp real. Asta dacă te afli pe Pământ.

Realizezi încet că eşti MINUSCUL. Şi că Universul ăsta se întâmplă clipă de clipă cu sau fără tine. E o linişte în Spaţiu care face ca gălăgia din capul tău să tacă şi grijile din sufletul tău să fie inutile.

Universul doar există, nu face nimic.

Oare noi, ca oameni, de ce nu putem doar exista, măcar pentru câteva clipe?

3724504R00089

Printed in Germany
by Amazon Distribution
GmbH, Leipzig